中华人民共和国
环境保护法

案例注释版

第四版

中国法制出版社

CHINA LEGAL PUBLISHING HOUSE

U0652352

第四版说明

"法律的生命不在于逻辑，而在于经验。"我国各级人民法院作出的生效裁判是审判经验的结晶，是法律适用在社会生活中真实、具体而生动的表现，是联系抽象法律与现实纠纷的桥梁。因此，了解和适用法律最好的办法，就是阅读、参考已发生并裁判生效的真实案例。从广大读者学法用法以及法官、律师等司法实务人员工作的实际需要出发，我们组织编写了这套"法律法规案例注释版"丛书。该丛书侧重"以案释法"，期冀通过案例注释法条的方法，将法律条文与真实判例相结合，帮助读者准确理解与适用法律条文，并领会法律制度的内在精神。

丛书最大的特点是：

第一，专业性。

丛书所编选案例的原始资料来源于各级人民法院已经审结并发生法律效力的判决，从阐释法律规定的需要出发，加工整理而成。案例来源主要包括但不限于：最高人民法院、最高人民检察院公布的指导案例；最高人民法院各审判庭和最高人民检察院各业务厅编辑出版权威出版物中的具有指导作用的案例；各级人民法院和人民检察院总结编撰并发布的供本辖区人民法院、人民检察院办案参阅、参考的典型案例。对于没有相关真实案例的重点法条，则从全国人大常委会法工委等立法部门对条文的专业解读中提炼条文注释。

第二，示范性。

裁判案例是法院依法对特定主体之间在特定时间、地点发生的法律纠纷作出的裁判，其本身具有真实性、指导性和示范性的特点。丛书选择的案例紧扣法律条文规定，对于读者有很强的参考借鉴价值。

第三，实用性。

每本书都由专业人士撰写主体法的适用提示，以帮助读者对该法有整体的了解。丛书设置"相关案例索引"栏目，列举更多的相关案例，归纳出案件要点，以期通过相关的案例，进一步发现、领会和把握法律规则、原则，从而作为解决实际问题的参考，做到举一反三。此外，我们还在主体法律文件之后收录重要配套法律文件，以及相应的法律流程图表、文书等内容，方便读者查找和使用。

希望本丛书能够成为广大读者学习、理解和运用法律的得力帮手！

2019 年 1 月

目　录

第七章 附 则

附录1

适用提示

《中华人民共和国环境保护法》（以下简称《环境保护法》）从 1989 年公布实施以来，对于环境保护工作起着重要的指导作用。2014 年 4 月 24 日，中华人民共和国第十二届全国人民代表大会常务委员会第八次会议修订通过了《环境保护法》，这是 25 年来的第一次修改。此次修改在环境保护领域内的重大制度建设，对于环保工作以及整个环境质量的提升产生了重要的作用。

《环境保护法》的重要内容如下：

一、总则部分充分体现新时期对环境保护工作的指导思想

在改革开放和现代化建设的新时期，全面贯彻落实科学发展观，重点是处理好经济和社会发展与资源利用及环境保护的关系，将环境保护融入经济社会发展中。因此，在本法总则中强化了环境保护的战略地位。环境保护工作应当依靠科技进步、发展循环经济、倡导生态文明、强化环境法治、完善监管体制、建立长效机制；制定环境保护规划，应当坚持"保护优先、预防为主、综合治理、公众参与、损害担责的原则"；明确国家采取相应的经济、技术政策和措施，健全生态补偿机制，使经济建设和社会发展与环境保护相协调。

二、强调政府责任、监督和法律责任

政府和排污单位责任。县级以上人民政府应当将环境保护工作纳入国民经济和社会发展规划。

政府对排污单位的监督。县级以上人民政府环境保护主管部门及其委托的环境监察机构和其他负有环境保护监督管理职责的部门，有权对排放污染物的企业事业单位和其他生产经营者进行现场检查。被检查者应当如实反映情况，提供必要的资料。实施现场检查的部门、机构及其工作人员应当为被检查者保守商业秘密。

公众对政府和排污单位的监督。公民、法人和其他组织依法享有获取环境信息、参与和监督环境保护的权利。各级人民政府环境保护主管部门和其他负有环境保护监督管理职责的部门，应当依法公开环境信息、完善公众参与程序，为公民、法人和其他组织参与和监督环境保护提供便利。重点排污单位应当如实向社会公开其主要污染物的名称、排放方式、排放浓度和总量、超标排放情况，以及防治污染设施的建设和运行情况，接受社会监督。

上级政府机关对下级政府机关的监督。国家实行环境保护目标责任制和考核评价制度。县级以上人民政府应当将环境保护目标完成情况纳入对本级人民政府负有环境保护监督管理职责的部门及其负责人和下级人民政府及其负责人的考核内容，作为对其考核评价的重要依据。考核结果应当向社会公开。

人大监督作用。县级以上人民政府应当每年向本级人民代表大会或者人民代表大会常务委员会报告环境状况和环境保护目标完成情况，对发生的重大环境事件应当及时向本级人民代表大会常务委员会报告，依法接受监督。

三、建立完善环境管理基本制度，保护改善我国环境质量和生态环境

环境质量标准制度。环境基准是指环境要素中污染物等对生态系统和人群健康不产生不良或有害效应的最大限值，是国家进行环境质量评价、制定环境保护目标与方向的科学基础。科学确定符合我国国情的环境基准的规定，这也是我们国家自主自立的体现。

环境监测制度。环境监测制度是生态环境评价和保护的重要制度。国家建立、健全环境监测制度。国务院环境保护主管部门制定监测规范，会同有关部门组织监测网络，统一规划国家环境质量监测站（点）的设置，建立监测数据共享机制，加强对环境监测的管理。有关行业、专业等各类环境质量监测站（点）的设置应当符合法律法规规定和监测规范的要求。监测机构应当使用符合国家标准的监测设备，遵守监测规范。监测机构及其负责人对监测数据的真实性和准确性负责。

环境影响评价制度。未依法进行环境影响评价的开发利用规划，不得组织实施；未依法进行环境影响评价的建设项目，不得开工建设。

跨行政区污染防治制度。国家建立跨行政区域的重点区域、流域环境污染和生态破坏联合防治协调机制，实行统一规划、统一标准、统一监测、统一的防治措施。

四、明确企业责任，完善防治污染和其他公害的制度

建立完善企业污染防治责任制度。排放污染物的企业事业单位，应当建立环境保护责任制度，明确单位负责人和相关人员的责任。重点排污单位应当按照国家有关规定和监测规范安装使用监测设备，保证监测设备正常运行，保存原始监测记录。排放污染物的企业事业单位和其他生产经营者，应当按照国家有关规定缴纳排污费。排污费应当全部专项用于环境污染防治，任何单位和个人不得截留、挤占或者挪作他用。

衔接突发环境污染事件应对的规定。各级人民政府及其有关部门和企业事业单位，应当依照《中华人民共和国突发事件应对法》的规定，做好突发环境事件的风险控制、应急准备、应急处置和事后恢复等工作。

本书以《环境保护法》为主线，结合对其条文的权威解读及真实、具体的案例进行注释，从而呈献给读者的不仅是"纸面上的法"，还有活生生的"生活中的法"。

中华人民共和国环境保护法

(1989 年 12 月 26 日第七届全国人民代表大会常务委员会第十一次会议通过　2014 年 4 月 24 日第十二届全国人民代表大会常务委员会第八次会议修订　2014 年 4 月 24 日中华人民共和国主席令第 9 号公布　自 2015 年 1 月 1 日起施行)

目　录

第一章　总　则

第一条　**【立法目的】**为保护和改善环境，防治污染和其他公害，保障公众健康，推进生态文明建设，促进经济社会可持续发展，制定本法。

环境保护法的立法目的有以下三个方面：

一是保护和改善环境，防治污染和其他公害。这是环境保护立法的直接目的。

环境问题主要体现在环境污染严重和生态系统退化。一些重点流域、海域水污染严重，部分区域和城市大气灰霾现象突出，许多地区主要污染物排放量超过环境资源承载能力。农村环境污染加剧，重金属、化学品、持久性有机污染物以及土壤、地下水等污染显现。部分地区生态损害严重，生态系统功能退化，生态环境比较脆弱。保护环境就是要从源头上扭转环境恶化趋势，为人民创造良好的生产生活环境。

公害是指由于人为的污染和破坏环境，对公众的健康、安全、生命、公私财产及生活舒适性等造成的危害。公害分为污染和其他公害。污染是指自然环境中混入了对人类或其他生物有害的物质，其数量或程度达到或超出环境承载力，从而改变环境正常状态的现象。具体包括：水污染、大气污染、噪声污染、固体废物污染、放射性污染等。其他公害，比较典型的是振动、地面沉降等。

二是保障公众健康。这是环境保护立法的根本任务，也是环境保护立法的出发点和归宿。

人民群众对生活环境和健康安全的期望不断提高，而环境污染带来的环境质量下降、生态平衡破坏以及公众健康危害，越来越成为制约经济持续增长和影响社会和谐发展的关键因素。环境保护就是要坚持以人为本的理念，从保护公众健康权益出发，为人民群众提供适宜的生活环境。

三是推进生态文明建设，促进经济社会可持续发展。这是我们对发展观的基本认识。

生态文明制度是我国现代国家治理体系的重要内容；建立和完善生态文明制度，是我国国家治理体系现代化的重要组成部分。环境保护是生态文明建设的主阵地，加强环境保护是推进生态文明建设的根本途径。

> **第二条** **【环境定义】**本法所称环境，是指影响人类生存和发展的各种天然的和经过人工改造的自然因素的总体，包括大气、水、海洋、土地、矿藏、森林、草原、湿地、野生生物、自然遗迹、人文遗迹、自然保护区、风景名胜区、城市和乡村等。

条文注释

大气，又称大气圈，是指包围地球的空气层总体。

水，是指能参与全球水循环、在陆地上逐年可以得到恢复和更新的淡水资源，包括地表水和地下水。

海洋，是指由海水水体、溶解或者悬浮于其中的物质、生活于其中的海洋生物、临近海面上空的大气和围绕海洋周围的海岸和海底组成的统一体。

土地，是指地球表面上由土壤、岩石、气候、水文、地貌、植被等组成的自然综合体。

矿藏，是指赋存于地壳内部或者表面由地质作用产生的可供人类利用的天然矿物。

森林，是指比较密集生长在一起的以乔木为主体的木本植物群落。

草原，是指中纬度地带大陆性半湿润和半干旱气候条件下，由多年生耐旱、耐低温、以禾草占优势的植物群落的总称。

湿地，是本次修订新增加的环境要素，是指陆地和水域的过渡地带，包括沼泽、滩涂、湿草地等，也包括低潮时水深不超过6米的水域。它具有净化水源、蓄洪抗旱、促淤保滩、提供野生生物良好栖息地等功能。

野生生物，是指未经人类驯化改良，在自然界中天然生长着的生物。

自然遗迹，根据《保护世界文化和自然遗产公约》，包括从审美或科学角度看，具有突出的普遍价值的由物质和生物结构或这类结构群组成的自然景观；从科学或保护角度看，具有突出的普遍价值的地质和地文结构以及明确划为受到威胁的动物和植物生境区；从科学、保存或自然美角度看，具有突出的普遍价值的天然名胜或明确划分的自然区域。

人文遗迹，根据《保护世界文化和自然遗产公约》，包括古迹（从历史、艺术或科学角度看，具有突出的普遍价值的建筑物、碑雕和碑画、具有考古性质的成分或构造物、铭文、窟洞以及景观的联合体）；建筑群（从历史、艺术或科学角度看，在建筑式样、分布均匀或与环境景色结合方面具有突出的普遍价值的单立或连接的建筑群）；遗址（从历史、审美、人种学或人类学角度看，具有突出的普遍价值的人类工程或自然与人的联合工程以及包括有考古地址的区域）。

自然保护区，是指对有代表性的自然生态系统、珍稀濒危野生动植物物种的天然集中分布区、有特殊意义的自然遗迹等保护对象所在的陆地、陆地水体或者海域，依法划出一定面积予以特殊保护和管理的区域。

风景名胜区，是指具有观赏、文化或者科学价值，自然景观、人文景观比较集中，环境优美，可供人们游览或者进行科学、文化活动的区域。

城市和乡村，是两种基本的人类聚居地，是经过人工改造的社会环境。

案例 1

施工中的振动，符合环境侵权调整规制之范畴（北京市第二中级人民法院［2017］京 02 民终 4725 号）

海龙公司系京昆高速公路大雁村至市界 11 标段的施工方，上述标段途经北京市房山区韩村河镇天开村地区，海龙公司于 2013 年 3 月进场施工，2014 年 10 月施工结束，2015 年 4 月撤场。崔某杰系北京市房山区韩村河镇天开村村民，其位于该村宅院内的房屋等建筑物出现墙体开裂等现象，并认为上述房屋损坏系海龙公司施工过程中产生的震动导致。海龙公司对崔某杰房屋损坏现状予以认可，但对崔某杰所述的房屋损坏成因不予认可。崔某杰申请对其房屋损坏与海龙公司施工是否存在因果关系及其房屋修复价格进行鉴定、评估，经一审人民法院咨询鉴定机构，鉴定机构表示因涉及的农村房屋无具体标准导致该种类型因果关系无法鉴定。关于涉案房屋修复价格评估问题，经咨询评估机构，现有北京华建审工程造价咨询事务所有限公司可进行此类价格评估。经询问崔某杰、海龙公司是否同意由该公司进行评估，海龙公司表示愿意由该机构评估。崔某杰表示因其已经对房屋进行过保温处理，不同意继续评估，要求法院根据现场照片进行判决。审理中，经法院主持调解，海龙公司同意给付崔某杰3000元补偿款，崔某杰予以拒绝。

一审法院认为，当事人对自己提出的诉讼请求所依据的事实或者反驳对方诉讼请求所依据的事实，应当提供证据加以证明，未能提供证据或者证据不足以证明其事实主张的，由负有举证证明责任的当事人承担不利后果。本案中，崔某杰要求海龙公司给付赔偿款6万元，其应承担相应证明责任。现崔某杰拒绝对其房屋修复价格进行评估，其经济损失无法确定，法院对其诉讼请求不予支持。据此，一审法院判决：驳回崔某杰的诉讼请求。

崔某杰不服一审判决，提起上诉。

二审法院认为，本案双方争议之焦点即海龙公司是否应就上诉人所主张的房屋损失承担赔偿责任。根据《环境保护法》第二条之规定，本法所称环境，是指影响人类生存和发展的各种天然的和经过人工改造的自然因素的总体，包括大气、水、海洋、土地、矿藏、森林、草原、湿地、野生生物、自然遗迹、人文遗迹、自然保护区、风景名胜区、城市和乡村等。该法第四十二条第一款规定，排放污染物的企业事业单位和其他生产经营者，应当采取措施，防治在生产建设或者其他活动中产生的废气、废水、废渣、医疗废物、粉尘、恶臭气体、放射性物质以及噪声、振动、光辐射、电磁辐射等对环境的污染和危害。本案中所涉侵权行为系施工中的振动，亦符合上述环境侵权调整规制之范畴。

本案中，崔某杰主张海龙公司钻孔打桩施工过程中的振动造成其墙体出现裂缝等，并提交了房屋裂缝处照片佐证。本院赴现场勘验发现房屋内存在数处裂缝。鉴于本案情形属于特殊侵权，归责原则应适用无过错责任原则，因果关系的举证责任倒置，故海龙公司应当就其施工中的钻孔打桩与涉诉房屋现有裂缝之间不存在因果关系予以证明。同时，在适用上述法律过程中，海龙公司在关于责任承担的抗辩中所能主张的免责或减责事实主要包括不可抗力、受害人故意和受害人过失等。

根据本案现有的证据材料，海龙公司虽就施工提交了相关技术规范，但未能就其桩基施工采用的工艺对周围建筑物未造成损害或不可能造成损害提供证据予以证明。鉴于海龙公司未能完成举证责任，故应就本案所涉损害后果承担赔偿责任。

在此需要指出的是，路桥工程的建设在促进社会发展、繁荣地方经济方面起到巨大的作用。在工程建设中，施工方亦要注重与环境保护之关系，尽可能采取对周边环境、民居影响较小的方式，在事前亦应就此作出评估，采取妥善措施避免或减轻对环境造成的侵害。

综上所述，崔某杰的上诉请求部分成立，应予支持。

● **相关规定**

《大气污染防治法》；《水污染防治法》；《海洋环境保护法》；《土地管理法》；《矿产资源法》；《森林法》；《草原法》；《野生动物保护法》；《文物保护法》

第三条　**【适用范围】**本法适用于中华人民共和国领域和中华人民共和国管辖的其他海域。

条文注释

环境保护法空间效力：

1. 中华人民共和国领域。是指我国行使国家主权的空间，包括我国的领陆、领水、领空；也包括延伸意义的领域，如驻外使馆；还包括在境外的飞行器及停泊在境外的飞行器和停泊在境外的船舶。

领陆是指国家疆界以内的陆地领土，包括中华人民共和国大陆及其沿海岛屿、台湾及其包括钓鱼岛在内的附属各岛、澎湖列岛、东沙群岛、西沙群岛、中沙群岛、南沙群岛及其他一切属于中华人民共和国的岛屿。

领水，包括内水和领海。内水为中华人民共和国领海基线向陆地一侧的水域；领海为邻接中华人民共和国陆地领土和内水的一带海域，其宽度为从领海基线量起12海里。

领空是指领陆和领水之上的空域。

2. 中华人民共和国管辖的其他海域。包括专属经济区和大陆架。专属经济区，是指领海以外并邻接领海的区域，从测算领海宽度的基线量起延至200海里的海域。大陆架，是指领海以外依本国陆地领土的全部自然延伸，扩展到大陆边外缘的海底区域的海床和底土；如果从测算领海宽度的基线量起至大陆边外缘的距离不足200海里，则扩展至200海里。

● **相关规定**

《领海及毗连区法》；《专属经济区和大陆架法》

第四条 【基本国策】保护环境是国家的基本国策。

国家采取有利于节约和循环利用资源、保护和改善环境、促进人与自然和谐的经济、技术政策和措施，使经济社会发展与环境保护相协调。

条文注释

2014年修订增加了保护环境是国家的基本国策的规定。之所以如此规定，主要是基于以下考虑：

1. 环境是人类赖以生存和发展的基本物质条件，是带有全局性的问题。

2. 保护环境具有长期性。

3. 环境保护是一项战略任务。

第五条 【基本原则】环境保护坚持保护优先、预防为主、综合治理、公众参与、损害担责的原则。

条文注释

1. 保护优先原则，是生态文明建设规律的内在要求，就是要从源头上加强生态环境保护和合理利用资源，避免生态破坏。本法规定，国家在重点生态功能区、生态环境敏感区和脆弱区等区域划定生态保护红线，实行严格保护。开发利用自然资源，应当合理开发，保护生物多样性，保障生态安全。

2. 预防为主的原则，是指在整个环境治理过程中，要事前预防与事中事后治理相结合，并优先采用防患于未然的方式。本法规定了许多制度来体现预防为主的原则。从外部管理制度来看，规定了环境监测、环境资源承载能力监测预警、环境影响评价、总量控制、"三同时"等制度；从企业生产的内部管理来看，规定了企业应当优先使用清洁能源，采用资源利用率高、污染物排放量少的工艺、设备以及废弃物综合利用技术和污染物无害化处理技术。

3. 综合治理原则，包括了四个层次的含义：一是水、气、声、渣等环境要素的治理要统筹考虑，如治理土壤污染的同时，要考虑地下水、地表水、大气的环境保护；二是综合运用政治、经济、技术等多种手段治理环境；三是形成环保部门统一监督管理、各部门分工负责、企业承担社会责任、公民提升环保意识以及社会积极参与的齐抓共管的环境治理格局；四是加强跨行政区域的环境污染和生态破坏的防治，由点上的管理扩展到面上的联防联治。

4. 公众参与原则。近年来，因环境问题引发的群体性事件呈上升趋势，造成这种情况的原因之一是现有的环境利益冲突协商机制不能满足公众的需要，公众利益表达的渠道不畅，因此，需要法律来建立公众有序参与的机制，运用法治思维和法治方式化解社会矛盾。本法第九条对环境保护宣传教育以及新闻媒体的舆论监督作出了规定。增设第五章"信息公开和公众参与"，明确规定公民、法人和其他组织依法享有获取环境信息、参与和监督环境保护的权利；各级政府及其有关部门和其他负有环境保护监督管理职责的部门应当依法公开环境信息、完善公众参与程序，为公民、法人和其他组织参与和监督环境保护提供便利。此外，还具体规定了政府及其相关部门应当依法公开信息、企业应当主动向社会公开信息、建设项目环境影响报告书全文公开、对环境违法行为可以举报和环境公益诉讼等制度。

5. 损害担责原则。环境损害是指由于人为活动而导致的人类与其他物种赖以生存的环境受到损害与导致不良影响的一种事实。损害者要为其造成的损害承担责任，是环境保护的一项重要原则。本法对损害者的责任作出了具体的规定：企业事业单位和其他生产经营者"对所造成的损害依法承担责任"；排放污染物的企业事业单位和其他生产经营者，应当按照国家有关规定缴纳排污费；排放污染物的企业事业单位，应当建立环境保护责任制度；重点排污单位有主动公开信息的责任；因污染环境、破坏生态造成损害的，应当依照侵权责任法的有关规定承担侵权责任；此外，还规定了行政处罚、行政拘留和刑事责任。

案例 2

运输液体、散装货物不作密封污染城市道路的应予以处罚（《行政复议典型案例选编》2011 年 12 月版）

申请人王某因不服被申请人某市统筹城乡一体化委员会作出的行政处罚决定，向行政复议机关申请行政复议。申请人认为，被申请人对其进行行政处罚是错误的，理由如下：（1）被申请人强行罚款，强行扣留车辆没有法律依据；（2）即便是申请人所载货物有飘洒，也应该由交通警察根据《新疆维吾尔自治区实施〈中华人民共和国道路交通安全法〉办法》第七十六条第四款的规定，处以 20 元罚款，更何况申请人所载货物并没有发生飘洒。因此，要求行政复议机关撤销被申请人对申请人作出的行政处罚决定。被申请人认为，其作出的行政处罚决定，事实清楚、证据确凿、适用法律正确、程序合法。理由如下：（1）申请人提出对其进行强行罚款、强行扣留车辆是与事实不相符的。被申请人执法人员发现申请人的违法行为后向其出示了执法证件，并向其告知了其违法的事实，然后根据《行政处罚法》第三十七条第二款的规定依法对其车辆进行证据的先行登记保存，并不存在被申请人对其进行强行罚款、强行扣留车辆的事实；（2）申请人提出的对其进行行政处罚没有法律依据是不成立的。被申请人根据《城市市容和环境卫生管理条例》第十五条，第三十四条第一款、第六款和《新疆维吾尔自治区实施〈城市市容和环境卫生管理条例〉行政处罚办法》第五条第八款的规定依法对申请人进行处罚是正确的。

行政复议机关认为，《新疆维吾尔自治区实施〈城市市容和环境卫生管理条例〉行政处罚办法》第五条第（八）项规定："运输液体、散装货物不作密封、包扎、覆盖而造成泄漏、遗撒，机动车辆带泥在市区行驶污染城市道路的，处以300元以上3000元以下罚款。"但是被申请人提供的证据材料不足以证明申请人未对所载货物进行密封、包扎、覆盖并造成泄漏、遗撒的违法事实，属于主要事实不清，证据不足。因此，行政复议机关撤销了被申请人的行政处罚决定。

第六条　【保护环境的义务】一切单位和个人都有保护环境的义务。

地方各级人民政府应当对本行政区域的环境质量负责。

企业事业单位和其他生产经营者应当防止、减少环境污染和生态破坏，对所造成的损害依法承担责任。

公民应当增强环境保护意识，采取低碳、节俭的生活方式，自觉履行环境保护义务。

案例 3

环境侵权人应同时承担行政责任和民事责任（云南省高级人民法院[2011]云高民一终字第41号）

经报批，羊甫公司（昆明羊甫联合牧业有限公司）建立畜牧小区建设项目。项目建设过程中，羊甫公司经有关部门同意，变更为三农公司（昆明三农农牧有限公司）。变更之前，羊甫公司在畜牧小区项目的环保治污设施未通过竣工验收的情况下，允许生猪养殖户入厂，后导致养殖废水渗入地下水系统，相关部门依法给予三农公司行政处罚。其后，畜牧小区再次发生养殖废液泄漏进入地下水系统事故，经评估，地下水氨氮指标一度达到峰值，至今仍然超标。

之后，环保局（昆明市环境保护局）对该次水污染治理进行了核算，并在昆明市人民检察院支持起诉的情况下，以三农公司、羊甫公司的排污行为构成环境污染为由，提起诉讼，请求判令三农公司、羊甫公司停止对环境的侵害、赔偿为治理水污染所发生的全部费用以及水污染治理成本评估费用。

一审法院判决：三农公司、羊甫公司立即停止对环境的侵害；三农公司、羊甫公司向"昆明市环境公益诉讼救济专项资金"支付赔偿金417.21万元；三农公司、羊甫公司向"昆明市环境公益诉讼救济专项资金"支付水污染治理成本评估费132 520元；驳回环保局的其他诉讼请求。

三农公司、羊甫公司均不服一审判决，提起上诉。

二审法院认为，依据《环境保护法》的规定，环保局为维护环境公共利益，有权针对环境侵权行为提起民事诉讼。依据《中华人民共和国民事诉讼法》第十五条的规定："机关、社会团体、企业事业单位对损害国家、集体或者个人民事权益的行为，可以支持受损害的单位或者个人向人民法院起诉。"故，昆明市人民检察院有权支持环保局的起诉。本案中，畜牧小区建设项目系羊甫公司经报批建立，而羊甫公司在畜牧小区项目的环保治污设施未通过竣工验收的情况下，允许生猪养殖户入厂，导致养殖废水渗入地下水系统，故应认定羊甫公司对于环境污染存在过错。虽然其后羊甫公司变更为三农公司，但根据现有证据，该公司建沼气池、买污水设备、出售生猪等均使用了羊甫公司的单据，因此应判定两公司共同承担责任。

羊甫公司在畜牧小区项目的环保治污设施未通过竣工验收的情况下，允许生猪养殖户入厂，违反《环境保护法》关于建设项目中防治污染的设施，与主体工程同时设计、同时施工、同时投产使用的规定。防治污染的设施必须经原审批环境影响报告书的环境保护行政主管部门验收合格后，该建设项目方可投入生产或者使用的规定，两次导致养殖废水渗入地下水系统，造成水污染事故。且至本次诉讼前，地下水氨氮指标仍然超标。虽然相关部门已经给予三农公司行政处罚，但依据《中华人民共和国侵权责任法》第四条第一款，"侵权人因同一行为应当承担行政责任或者刑事责任的，不影响依法承担侵权责任"之规定，三农公司、羊甫公司仍应承担停止侵害、赔偿损失的民事责任。

二审法院判决：驳回上诉，维持原判。

维护环境公共利益的组织可以提起环境公益诉讼（最高人民法院发布十起环境公益诉讼典型案例之二：中国生物多样性保护与绿色发展基金会诉宁夏瑞泰科技股份有限公司等腾格里沙漠污染系列民事公益诉讼案）

2015 年 8 月，中国生物多样性保护与绿色发展基金会向中卫市中级人民法院提起诉讼称：瑞泰公司等八家企业在生产过程中违规将超标废水直接排入蒸发池，造成腾格里沙漠严重污染，截至起诉时仍然没有整改完毕。绿发会向法院提交了基金会法人登记证书，显示绿发会是在国家民政部登记的基金会法人。绿发会提交的 2010 年至 2014 年度检查证明材料，显示其在提起本案公益诉讼前五年年检合格。绿发会提交了五年内未因从事业务活动违反法律、法规的规定而受到行政、刑事处罚的无违法记录声明。此外，绿发会章程规定，其宗旨为"广泛动员全社会关心和支持生物多样性保护和绿色发展事业，保护国家战略资源，促进生态文明建设和人与自然和谐，构建人类美好家园"。绿发会还向法院提交了其自 1985 年成立至今，一直实际从事包括举办环境保护研讨会、组织生态考察、开展环境保护宣传教育、提起环境民事公益诉讼等活动的相关证据材料。

中卫市中级人民法院一审认为，绿发会不能认定为《环境保护法》第五十八条规定的"专门从事环境保护公益活动"的社会组织，对绿发会的起诉裁定不予受理。绿发会不服，提起上诉。宁夏回族自治区高级人民法院审查后裁定驳回上诉，维持原裁定。绿发会不服二审裁定，向最高人民法院申请再审。最高人民法院依法提审并审理认为，因环境公共利益具有普惠性和共享性，没有特定的法律上直接利害关系人，有必要鼓励、引导和规范社会组织依法提起环境公益诉讼，以充分发挥环境公益诉讼功能。依据《环境保护法》第五十八条和《最高人民法院关于审理环境民事公益诉讼案件适用法律若干问题的解释》第四条的规定，对于本案绿发会是否可以作为"专门从事环境保护公益活动"的社会组织提起本案诉讼，应重点从其宗旨和业务范围是否包含维护环境公共利益、是否实际从事环境保护公益活动，以及所维护的环境公共利益是否与其宗旨和业务范围具有关联性三个方面进行审查。对于社会组织宗旨和业务范围是否包含维护环境公共利益，应根据其内涵而非简单依据文字表述作出判断。社会组织章程即使未写明维护环境公共利益，但若其工作内容属于保护各种影响人类生存和发展的天然的和经过人工改造的自然因素的范畴，均应认定宗旨和业务范围包含维护环境公共利益。绿发会章程中规定的宗旨契合绿色发展理念，亦与环境保护密切相关，属于维护环境公共利益的范畴。环境保护公益活动，不仅包括植树造林、濒危物种保护、节能减排、环境修复等直接改善生态环境的行为，还包括与环境保护有关的宣传教育、研究培训、学术交流、法律援助、公益诉讼等有利于完善环境治理体系，提高环境治理能力，促进全社会形成环境保护广泛共识的活动。绿发会在本案一审、二审及再审期间提交的历史沿革、公益活动照片、环境公益诉讼立案受理通知书等相关证据材料，虽未经庭审质证，但在立案审查阶段，足以显示绿发会自1985年成立以来长期实际从事包括举办环境保护研讨会、组织生态考察、开展环境保护宣传教育、提起环境民事公益诉讼等环境保护活动，符合环境保护法和环境公益诉讼司法解释的规定。同时，上述证据亦证明绿发会从事环境保护公益活动的时间已满五年，符合《环境保护法》第五十八条关于社会组织从事环境保护公益活动应五年以上的规定。依据《最高人民法院关于审理环境民事公益诉讼案件适用法律若干问题的解释》第四条的规定，社会组织提起的公益诉讼涉及的环境公共利益，应与社会组织的宗旨和业务范围具有一定关联。即使社会组织起诉事项与其宗旨和业务范围不具有对应关系，但若与其所保护的环境要素或者生态系统具有一定的联系，亦应基于关联性标准确认其主体资格。本案环境公益诉讼系针对腾格里沙漠污染提起。沙漠生物群落及其环境相互作用所形成的复杂而脆弱的沙漠生态系统，需要人类的珍惜利用和悉心呵护。绿发会起诉认为瑞泰公司将超标废水排入蒸发池，严重破坏了腾格里沙漠本已脆弱的生态系统，所涉及的环境公共利益维护属于绿发会宗旨和业务范围。此外，绿发会提交的基金会法人登记证书、年度检查证明材料、无违法记录声明等，证明其符合《环境保护法》第五十八条，《最高人民法院关于审理环境民事公益诉讼案件适用法律若干问题的解释》第二条、第三条、第五条对提起环境公益诉讼社会组织的其他要求，具备提起环境民事公益诉讼的主体资格。最高人民法院再审裁定撤销一审、二审裁定，指令本案由中卫市中级人民法院立案受理。

相关案例索引

江阴市环境保护局诉王文峰等水污染责任纠纷案（江苏省江阴市人民法院［2013］澄环民初字第0003号）

本案要点

环保局是负有环境保护的政府职能部门，为保护当地生态、生活环境，有权主张危害生态、生活环境的环境侵权责任，挽回环境侵权对社会造成的损失。在当前环境污染形势严峻的情况下，人民法院依法受理环境保护行政部门代表国家提起的环境损害赔偿纠纷案件，严厉打击一切破坏环境行为等违反法律、行政法规的禁止性规定的行为。因此，江阴环保局有权作为原告提起本案民事诉讼，其诉讼主体适格。

● **相关规定**

《侵权责任法》65~68；《大气污染防治法》第18条；《环境噪声污染防治法》第三章~第六章；《固体废物污染环境防治法》15、16

第七条　【环保发展方针】国家支持环境保护科学技术研究、开发和应用，鼓励环境保护产业发展，促进环境保护信息化建设，提高环境保护科学技术水平。

条文注释

国家可以通过以下方式支持科学技术研究、开发与应用：一是设立基金。国家设立自然科学基金，资助基础研究和科学前沿探索，培养科学技术人才；设立科技型中小企业创新基金，资助中小企业开展技术创新；在必要时可以设立其他基金，资助科学技术进步活动。二是依法给予税收优惠。对从事技术开发、技术转让、技术咨询、技术服务等的活动，按照国家规定享受税收优惠。三是金融支持。国家鼓励金融机构开展知识产权质押业务，鼓励和引导金融机构在信贷等方面支持科学技术应用和高新技术产业发展，鼓励保险机构根据有关高新技术产业发展的需要开发保险品种。四是明确利用财政性资金设立的科学技术基金项目或者科学技术计划项目所形成的相关发明专利权等，除涉及国家安全、国家利益和重大社会公共利益的外，授权项目承担者依法取得，从而更好地调动科技人员从事科学技术研发的积极性。五是政府采购措施。对境内公民、法人或者其他组织自主创新的产品、服务或者国家需要重点扶持的产品、服务，在性能、技术等指标能够满足政府采购需求的条件下，政府采购应当购买；首次投放市场的，政府采购应当率先购买。六是国家培育和发展技术市场，鼓励创办从事技术评估、技术经纪等活动的中介服务机构，引导建立社会化、专业化和网络化的技术交易服务体系，推动科学技术成果的推广和应用等。

环境保护产业是指在国民经济结构中，以防治环境污染、改善生态环境、保护自然资源为目的而进行的技术产品开发、商业流通、资源利用、信息服务、工程承包等活动的总称，主要包括环境保护技术装备、资源综合利用和环境服务等方面。

环境信息化建设，主要是指对各种环境信息的采集、传输和管理实现数字化、智能化和网络化，从而为实现环境管理科学决策和提升监管效能提供保障。

● **相关规定**

《科学技术进步法》第二章

第八条　【财政投入】各级人民政府应当加大保护和改善环境、防治污染和其他公害的财政投入，提高财政资金的使用效益。

第九条　【宣传教育】各级人民政府应当加强环境保护宣传和普及工作，鼓励基层群众性自治组织、社会组织、环境保护志愿者开展环境保护法律法规和环境保护知识的宣传，营造保护环境的良好风气。

教育行政部门、学校应当将环境保护知识纳入学校教育内容，培养学生的环境保护意识。

新闻媒体应当开展环境保护法律法规和环境保护知识的宣传，对环境违法行为进行舆论监督。

第十条　【管理体制】国务院环境保护主管部门，对全国环境保护工作实施统一监督管理；县级以上地方人民政府环境保护主管部门，对本行政区域环境保护工作实施统一监督管理。

县级以上人民政府有关部门和军队环境保护部门，依照有关法律的规定对资源保护和污染防治等环境保护工作实施监督管理。

条文注释

1. 执法部门

国家的环境保护部和地方的环境保护厅、环境保护局等环境保护部门作为环境保护主管部门，对环境保护工作实施统一监督管理，是本法的主要执法部门。其中，环境保护部负责对全国环境保护工作实施统一监督管理，省级、地级、县级环境保护厅（局）负责对本省、本地（市）、本县的环境保护工作实施统一监督管理。

2. 海洋环境的监督管理

国家海洋行政主管部门负责海洋环境的监督管理，组织海洋环境的调查、监测、监视、评价和科学研究，负责全国防治海洋工程建设项目和海洋倾倒废弃物对海洋污染损害的环境保护工作。国家海事行政主管部门负责所辖港区水域内非军事船舶和港区水域外非渔业、非军事船舶污染海洋环境的监督管理，并负责污染事故的调查处理；对在中华人民共和国管辖海域航行、停泊和作业的外国籍船舶造成的污染事故登轮检查处理。船舶污染事故给渔业造成损害的，应当吸收渔业行政主管部门参与调查处理。国家渔业行政主管部门负责渔港水域内非军事船舶和渔港水域外渔业船舶污染海洋环境的监督管理，负责保护渔业水域生态环境工作，并调查处理上述规定的污染事故以外的渔业污染事故。军队环境保护部门负责军事船舶污染海洋环境的监督管理及污染事故的调查处理。

3. 水环境的监督管理

县级以上人民政府环境保护主管部门对水污染防治实施统一监督管理。交通主管部门的海事管理机构对船舶污染水域的防治实施监督管理。县级以上人民政府水行政、国土资源、卫生、建设、农业、渔业等部门以及重要江河、湖泊的流域水资源保护机构，在各自的职责范围内，对有关水污染防治实施监督管理。

4. 大气环境的监督管理

县级以上人民政府环境保护行政主管部门对大气污染防治实施统一监督管理。各级公安、交通、铁道、渔业管理部门根据各自的职责，对机动车船污染大气实施监督管理。县级以上人民政府其他有关主管部门在各自职责范围内对大气污染防治实施监督管理。

案例 5

县级以上地方人民政府环境保护主管部门，应在职责范围内行使职权（河南省沁阳市人民法院［2013］沁行初字第 00026 号）

被告沁阳市环保局于 2013 年 10 月 10 日作出沁环评（2013）12 号《行政处罚决定书》，认定原告吴某纸业生产线拆除后，仅有制浆生产线不具备环评要求的生产条件。依据焦作市环境保护局《关于查处沁阳市西向镇屯头村地下水污染问题的监察通知》焦环函（2012）191 号的要求，责令原告沁阳市昊琳纸业有限公司立即停止生产，完善相关手续，手续完善前不得生产。该处罚决定于 2013 年 10 月 10 日下达后，原告昊琳纸业不服，向法院提起诉讼，请求撤销被告作出的沁环罚（2013）12 号行政处罚决定。

法院认为，根据《环境保护法》的规定，县级以上地方人民政府环境保护主管部门，对本辖区的环境保护工作实施统一监督管理。被告沁阳市环保局具有对本辖区环境保护工作实施统一监督管理的职责，但对经限期治理逾期未完成治理任务的企事业单位，除依照国家规定加收超标准排污费外，可以根据所造成的危害后果处以罚款或者责令停业、关闭。其中罚款由环保行政部门决定。责令停产、关闭，应由作出限期治理决定的人民政府决定。本案被告作出的沁环罚（2013）12号《行政处罚决定书》，责令原告吴琳纸业停止生产，违反了《环境保护法》的有关规定，属超越职权。原告要求撤销被告作出的（2013）12号《行政处罚决定书》的诉讼请求予以支持。判决：撤销被告沁阳市环境保护局2013年10月10日作出的沁环罚（2013）12号《行政处罚决定书》。

相关案例索引

1. 德安县吴山乡张塘村五组与德安县环境保护局环保行政不作为纠纷上诉案（江西省九江市中级人民法院［2011］九中行终字第1号）

本案要点

上诉人所诉环保违法事实是否属于被上诉人的职责范围以及由此而产生是否构成行政不作为的问题。原审第三人方圆公司尾矿库、国信公司曾家坨选厂、隆福公司尾矿库的审批均非被上诉人德安县环保局的职责，无论审批过程中是否存在违法情由，上诉人德安县吴山乡张塘村五组以此起诉被上诉人德安县环保局行政不作为均不予支持。

2. 陈某某与江门市某某局环保行政处罚纠纷上诉案（广东省江门市中级人民法院［2013］江中法行终字第61号）

本案要点

江门市某某局作为市级人民政府环境保护主管部门，有权对该行政辖区内的违反环境保护相关法律法规的行为予以查处。据此，江门市某某局作出涉案的具体行政行为是在履行其法定职权，其执法主体适格。

● **相关规定**

《海洋环境保护法》第5条；《水污染防治法》第8条；《大气污染防治法》第4条

第十一条　【奖励措施】对保护和改善环境有显著成绩的单位和个人，由人民政府给予奖励。

第十二条 【环境日】每年6月5日为环境日。

世界环境日最早是在1972年确立的。1972年6月5日，联合国在瑞典首都斯德哥尔摩召开了联合国人类环境会议，包括中国在内的113个国家参加了这次大会。会议讨论了当代环境问题，探讨了保护全球环境的战略，通过了著名的《斯德哥尔摩环境宣言》，也就是《联合国人类环境宣言》。会上还通过了具有109条建议的保护全球环境的《行动计划》。会议呼吁"为了这一代和将来的世世代代而保护和改善环境，已成为人类一个紧迫的目标，这个目标将同争取和平和全世界的经济与社会发展这两个既定的基本目标共同和协调地实现"，会议建议联合国将本次会议开幕日这一天，即6月5日定为世界环境日。同年10月，第二十七届联合国大会通过决议接受了该建议。联合国确定世界环境日的意义在于提醒全世界注意全球环境状况和人类活动对环境的危害。联合国和各国政府，每年都在6月5日这一天开展各项活动来宣传与强调保护和改善人类环境的重要性。联合国环境规划署在每年的年初会公布当年的世界环境日主题，并选择一个成员国举行世界环境日纪念活动。此外，联合国环境规划署每年还要发表《环境现状的年度报告书》及表彰"全球500佳"，并根据当年的世界主要环境问题及环境热点，有针对性地制定每年的世界环境日的主题。

第二章 监督管理

第十三条 【环境保护规划】县级以上人民政府应当将环境保护工作纳入国民经济和社会发展规划。

国务院环境保护主管部门会同有关部门，根据国民经济和社会发展规划编制国家环境保护规划，报国务院批准并公布实施。

县级以上地方人民政府环境保护主管部门会同有关部门，根据国家环境保护规划的要求，编制本行政区域的环境保护规划，报同级人民政府批准并公布实施。

环境保护规划的内容应当包括生态保护和污染防治的目标、任务、保障措施等，并与主体功能区规划、土地利用总体规划和城乡规划等相衔接。

第十四条 【政策制定考虑环境影响】国务院有关部门和省、自治区、直辖市人民政府组织制定经济、技术政策，应当充分考虑对环境的影响，听取有关方面和专家的意见。

第十五条 【环境质量标准及环境基准】国务院环境保护主管部门制定国家环境质量标准。

省、自治区、直辖市人民政府对国家环境质量标准中未作规定的项目，可以制定地方环境质量标准；对国家环境质量标准中已作规定的项目，可以制定严于国家环境质量标准的地方环境质量标准。地方环境质量标准应当报国务院环境保护主管部门备案。

国家鼓励开展环境基准研究。

国家环境质量标准，是指国家为保护人体健康和生态环境，对环境中的污染物或者其他有害因素的容许含量所作的规定。环境质量标准是衡量环境是否受到污染的尺度，是制定污染物排放标准的重要依据，同时也是执法部门实施环境管理的重要依据。我国的国家环境质量标准由国务院环境保护主管部门，即环境保护部负责制定。

环境质量标准按环境要素分，可以分为水环境质量标准、大气环境质量标准、土壤环境质量标准等类别，具体是：

1. 水环境质量标准。水环境质量标准是对水中污染物或其他有害物质的最大容许浓度的规定。我国已颁布的水质标准有《地表水环境质量标准》《地下水质量标准》《农田灌溉水质标准》等。

2. 大气环境质量标准。大气环境质量标准是对大气中污染物或者其他有害物质的最大容许浓度的规定。1982 年 4 月，我国首次颁发了国家的空气环境质量标准，其后这一标准经过三次修订，最新的一次修订是在 2012 年，此次修订调整了环境空气功能区分类，将三类区并入二类区，同时增设了颗粒物（粒径小于等于 2.5μm）浓度限值和臭氧 8 小时平均浓度限值，调整了颗粒物（粒径小于等于 10μm）、二氧化氮、铅和苯并芘等的浓度限值，并对数据统计的有效性规定作了修订。

3. 土壤环境质量标准。土壤环境质量标准是对土壤中污染物，如镉、汞、砷、铅、铜等金属和农药等农业投入品残留的最高允许浓度指标值和相应的监测方法的规定。我国在 1995 年颁布了《土壤环境质量标准》。《土壤环境质量标准》按土壤应用功能、保护目标和土壤主要性质，规定了土壤中污染物的最高允许浓度指标值和相应的监测方法。该标准适用于农田、蔬菜地、茶园、果园、牧场、林地、自然保护区等地的土壤。

除上述三类环境质量标准外，还有噪声、辐射、振动、放射性物质等的环境质量标准。

地方环境质量标准，是指省、自治区、直辖市人民政府依法制定的适用于本行政区域内全部范围或者辖区内特定流域、区域的环境质量标准。地方的环境质量标准范围较窄，只包括大气环境质量标准和水环境质量标准。

地方环境质量标准的制定主体是省、自治区、直辖市人民政府。地方环境质量标准的制定原则是：对国家环境质量标准中未作规定的项目，可以制定地方环境质量标准；对国家环境质量标准中已作规定的项目，可以制定严于国家环境质量标准的地方环境质量标准。

环境基准是指环境中的污染物等对人或者其他生物等特定对象不产生不良或者有害效应的最大限制。环境基准按环境要素可分为大气质量基准、水质量基准和土壤质量基准等；按保护对象可分为环境卫生基准、水生生物基准、植物基准等。

环境基准和环境质量标准是两个不同的概念，前者是由污染物同特定对象之间的剂量反应关系确定的，不考虑社会、经济、技术等人为因素，不具有法律效力；后者是以前者为依据，并考虑社会、经济、技术等因素，经过综合分析制定的，由国家管理机关颁布，一般具有法律的强制性。但二者又有密切的关系，前者是制定后者的科学依据，后者规定的污染物容许剂量或浓度原则上应小于或等于相应的基准值。

案例 6

噪声超过国家环境质量标准的企业应承担法律责任（河南省漯河市源汇区人民法院 [2013] 源民四初字第 125 号）

原告张某仙诉称，被告谷某自 2012 年 6 月在原告楼下租赁门面房经营 A8 酒吧，一直是晚上七八点开始营业直到次日凌晨三点或五点，其酒吧音响和其他噪声特别大，使原告一家人无法正常休息、无法正常工作。原告多次向谷某提出要求装饰隔音设备，被告只是口头答应，但至今并未采取措施减少噪声污染。原告也多次拨打 110 制止，但效果不大。因被告方面的噪声污染，原告自 2012 年 6 月至今常常处于失眠状态，2013 年 1 月 3 日，原告在家中晕倒住院治疗支出医疗费 5000 多元，医院要求原告好好休息，也因被告方面的噪声污染不能正常休息，被告谷某的经营行为已侵害了原告的身体健康权，给原告精神上造成极大损失。请求判令被告谷某停止侵害，赔偿原告医疗费、精神损失费等20000 元。

法院认为，被告谷某所经营的 A8 酒吧属娱乐场所，其在营业时所产生的噪声，属于社会生活噪声。原、被告双方所在滨河路西段属于商业、居住的混合区，被告谷某所经营的 A8 酒吧的营业时间一般在晚间 10 点以后结束，依据《社会生活环境噪声排放标准》（GB22337 - 2008）的规定，应适用表 2 结构传播固定设备室内噪声排放限值（等效声级），即 2 类区域夜间最高限值为 35dB，因被告谷某撤回对酒吧的社会噪声排放值进行鉴定的申请，未能提供充分证据证明其经营的酒吧不存在噪声污染，故法院认定被告谷某已对原告构成噪声污染。因原、被告系上下楼的相邻关系，被告在其营业时对原告的正常工作造成了噪声污染，已构成噪声侵权，故被告有责任采取有效、可靠的隔声措施，并严格控制酒吧经营产生的音量，避免对原告造成环境噪声污染，以保障原告正常的休息工作环境。原告张某仙未能提供谷某所经营的 A8 酒吧造成的噪声污染与其所患疾病存在直接因果关系及参与度的充分证据证明，故其所主张的医疗费、精神损失费损失证据不足，法院不予支持。判决被告谷某停止侵害，于本判决生效之日起三十日内采取有效、可靠的隔音降噪措施，并严格控制音响设备的音量，使原告张某仙住房内的噪声达到《社会生活环境噪声排放标准》（GB22337 - 2008）规定的夜间最高限值 35 dB 以下的标准。

> **第十六条 【污染物排放标准】** 国务院环境保护主管部门根据国家环境质量标准和国家经济、技术条件，制定国家污染物排放标准。
>
> 省、自治区、直辖市人民政府对国家污染物排放标准中未作规定的项目，可以制定地方污染物排放标准；对国家污染物排放标准中已作规定的项目，可以制定严于国家污染物排放标准的地方污染物排放标准。地方污染物排放标准应当报国务院环境保护主管部门备案。

条文注释

国家的污染物排放标准由国务院环境保护主管部门制定。制定污染物排放标准的原则：一是应当根据国家环境质量标准制定，使规定的污染物容许排放量尽量满足国家环境质量标准的要求；二是应当根据国家的经济和技术条件，考虑所规定的污染物容许排放量在经济上的合理性和控制技术上的可行性。

制定污染物排放标准的主要方法：一是按照污染物扩散规律来制定，应用污染物稀释和扩散模式来推算污染源排放口的容许排放量；二是按照最佳可行技术来制定，即按照本国生产的水平和技术、经济上可能达到的污染物控制能力来制定；三是按总量控制来制定，即按照环境质量标准的要求计算区域范围内污染物容许排放总量，确定各个污染源分摊率，从而确定它们的容许排放量。

地方污染物排放标准是指省、自治区、直辖市人民政府依法制定的适用于本行政区域内全部范围或者辖区内特定流域、区域的污染物排放标准。与地方环境质量标准一样，地方污染物排放标准的范围也比较窄，只包括大气污染物排放标准和水污染物排放标准。

地方污染物排放标准由省、自治区、直辖市人民政府制定，制定的原则是：对国家污染物排放标准中未作规定的项目，可以制定地方污染物排放标准；对国家污染物排放标准中已作规定的项目，可以制定严于国家污染物排放标准的地方污染物排放标准。这里"严于国家污染物排放标准"，是指对于同类行业污染源或者同类产品污染源，采用相同监测方法，地方污染物排放标准规定的污染物项目限值、控制要求，在其有效期内严于相应时期的国家污染物排放标准。

● **相关规定**

《大气污染防治法》10~12；《水污染防治法》13、14；《海洋环境保护法》第10条

> **第十七条** 【环境监测】国家建立、健全环境监测制度。国务院环境保护主管部门制定监测规范，会同有关部门组织监测网络，统一规划国家环境质量监测站（点）的设置，建立监测数据共享机制，加强对环境监测的管理。
>
> 有关行业、专业等各类环境质量监测站（点）的设置应当符合法律法规规定和监测规范的要求。

监测机构应当使用符合国家标准的监测设备，遵守监测规范。监测机构及其负责人对监测数据的真实性和准确性负责。

● **相关规定**

《水污染防治法》23、25；《海洋环境保护法》14～16；《固体废物污染环境防治法》第 12 条

第十八条 【环境资源承载能力监测预警机制】省级以上人民政府应当组织有关部门或者委托专业机构，对环境状况进行调查、评价，建立环境资源承载能力监测预警机制。

条文注释

环境资源承载能力是指某区域一定时期内，在确保资源合理开发利用和生态环境良性循环的条件下，环境及资源能够承载的人口数量及相应的经济社会活动总量的能力和容量。环境资源承载力是一个包含了环境、资源要素的综合承载力概念。从具体领域看，环境资源承载力主要包括大气环境承载力、水资源承载力、土地资源承载力、矿产资源承载力等。

据国家发改委有关机构的研究，建立环境资源承载力监测预警机制，应当包括以下内容：一是落实主体功能区战略。二是科学测算环境资源承载力。三是建立环境资源承载力统计监测工作体系，加强基础能力建设。

第十九条 【环境影响评价】编制有关开发利用规划，建设对环境有影响的项目，应当依法进行环境影响评价。

未依法进行环境影响评价的开发利用规划，不得组织实施；未依法进行环境影响评价的建设项目，不得开工建设。

根据《环境影响评价法》的规定，环境影响评价，是指对规划和建设项目实施后可能造成的环境影响进行分析、预测和评估，提出预防或者减轻不良环境影响的对策和措施，进行跟踪监测的方法与制度。

环境影响评价包括规划环境影响评价和建设项目环境影响评价。规划环境影响评价，是指国务院有关部门、设区的市级以上地方人民政府及其有关部门，对其组织编制的土地利用的有关规划和区域、流域、海域的建设、开发利用规划（综合性规划），以及工业、农业、畜牧业、林业、能源、水利、交通、城市建设、旅游、自然资源开发的有关专项规划（专项规划）进行的环境影响评价。建设项目环境影响评价，是指国家根据建设项目对环境的影响程度对建设项目进行的环境影响评价。可能造成重大环境影响的，应当编制环境影响报告书，对产生的环境影响进行全面评价；可能造成轻度环境影响的，应当编制环境影响报告表，对产生的环境影响进行分析或者专项评价；对环境影响很小、不需要进行环境影响评价的，应当填报环境影响登记表。

案例 7

建设对环境有影响的项目，应当依法进行环境影响评价（福建省龙岩市中级人民法院［2017］闽 08 行终 151 号）

福建省青晨竹业有限公司系一家从事竹木复合集装箱地板及竹重组材生产的企业。2016 年 2 月 2 日，福建省青晨竹业有限公司为了建设竹木复合集装箱地板及竹重组材生产项目，向被告漳平环境保护局提出建设项目环境影响报告表审批事项申请，并提交了申请报告、《福建省建设项目环境影响报告表》文本及电子文档等相应材料。漳平环境保护局经过初步审查，该申请材料符合法定形式和要求，决定给予受理，同日，漳平环境保护局将该受理情况及附件在漳平政府网公示。2016 年 2 月 6 日，原告郑某甲、郑某某对该项目提出质疑和举报，2016 年 2 月 22 日，漳平环境保护局发文要求福建省青晨竹业有限公司补充提供有资质单位出具的酚醛树脂检验报告，2 月 25 日，福建省青晨竹业有限公司提交了福建省林产品质量检测中心出具的检验报告，2016 年 2 月 29 日，漳平环境保护局针对原告郑某甲、郑某某于2月6日的举报出具了书面答复并送达给原告，2016年3月3日，漳平环境保护局召开项目拟批审批意见公示及审批意见讨论会，2016年3月23日，漳平环境保护局针对该项目环境影响评价审批事项召开行政许可听证会。2016年3月24日，漳平环境保护局召开项目局审批领导小组会，2016年3月29日，漳平环境保护局以漳环表（2016）006号文对该项目环评报告表进行了批复，2016年4月1日，漳平市环境保护局于漳平市政府网信息公开栏将项目审批意见进行公告。另查明，因福建省青晨竹业有限公司竹木复合集装箱地板及竹重组材生产项目的环境影响报告表未经漳平环境保护局审批就擅自开工建设并投入生产，其行为违反《环境保护法》第十九条第二款和《中华人民共和国环境影响评价法》第二十二条第一款和第二十五条的规定，漳平环境保护局于2015年9月29日作出漳环罚（2015）13号行政处罚决定书，责令青晨公司"竹木复合集装箱地板及竹重组材生产项目"停止建设，并处予罚款人民币壹拾贰万元。再查明，第三人福建省青晨竹业有限公司厂区东侧（6号车间）与原告郑某甲的住宅及原告漳平裕隆畜牧有限公司（以下简称裕隆畜牧公司）的养猪场和管理房相邻，厂区东北侧与原告郑某某的房屋和养猪场相邻。

一审认为，原告郑某甲、郑某某、漳平裕隆畜牧有限公司与第三人福建省青晨竹业有限公司厂区相邻，福建省青晨竹业有限公司竹木复合集装箱地板及竹重组材生产项目对三原告的生产生活会产生影响，因此，三原告与被告漳平环境保护局作出的漳环表（2016）006号具有利害关系，具有本案的诉讼主体资格。本案所涉项目系竹制品制造，应由县级环境保护行政主管部门即本案被告漳平环境保护局负责审批，因此，被告具有被诉行政行为的审批权。被告漳平环境保护局在收到第三人福建省青晨竹业有限公司的建设项目环境影响报告表审批申请后，经过初步审查、立案受理、受理公示、接受质疑、补充材料、答复质疑、专家论证、拟批公示、召开听证、集体讨论、作出批复、予以公示等程序，在充分听取专家意见和利害关系人意见的基础上作出漳环表（2016）006号《关于福建省青晨竹业有限公司竹木复合集装箱地板及竹重组材生产项目环境影响报告表的审批意见》认定事实清楚，适用法律法规正确，程序合法，应予维持。综上，被告漳平环境保护局作出的漳环表（2016）006号，证据确凿，适用法律、法规正确，符合法定程序。依照《中华人民共和国行政诉讼法》第六十九条的规定，判决：驳回原告郑某甲、郑某某、漳平裕隆畜牧有限公司的诉讼请求。

上诉人郑某甲、郑某某、裕隆畜牧公司不服，向本院提起上诉。

本院认为，漳平环保局具有作出本案建设项目环境影响审批行政行为的主体资格。被上诉人漳平环保局受理青晨竹业公司的建设项目环境影响报告表审批申请后，经过初步审查、立案受理、受理公示、接受质疑、补充材料、答复质疑、专家论证、拟批公示、召开听证、集体讨论、作出批复、予以公示等程序，作出环评审批决定，认定事实清楚，适用法律正确，程序合法。青晨竹业公司委托的环评文件编制单位安徽省四维环境工程有限公司具有建设项目环境影响评价资质，其编制的《福建省项目环境影响报告表》系依据相关编制标准对涉案建设项目"竹木复合集装箱地板及竹重组材生产项目"进行了环境影响评价，并据此得出环评结论符合环评技术规范和法律规定的要求。上诉人的该项上诉理由不能成立。故判决：

驳回上诉，维持原判。

案例 8

行政机关未批准建设项目环境影响报告书而提出整改意见，项目需整改验收合格后投入运行（《行政复议典型案例选编》2011 年版）

申请人某公司因不服被申请人某省国土环境资源厅作出的行政处罚决定，向行政复议机关申请行政复议。

申请人认为，申请人接到被申请人下发的《关于甲猪场项目环境影响项目报告书的批复》后，立即进行污水处理设施建设和厂区内的整改工作。从养猪行业情况来看，应以被处罚人实际造成污染的程度为依据来决定是否进行罚款以及罚款的额度，甲猪场对环境几乎没有造成污染，又属于本省"菜篮子工程"涉民生企业，被申请人应该本着扶持发展的原则，尽快办理项目竣工环境保护验收手续，而不是对申请人直接作出责令停产、罚款5万元的处罚决定，请求行政复议机关依法撤销该行政处罚决定。被申请人认为，申请人的甲猪场于2004年4月建成投产，2008年8月才办理环境影响评价审批手续，属于先建设后补办手续。被申请人作出的《关于甲猪场项目环境影响项目报告书的批复》，要求申请人在项目整改竣工验收合格后3个月内，申请该项目环境保护设施竣工验收；验收合格后，项目方可正式投入运行。申请人未按该"批复"要求申请环境保护设施竣工验收，且在收到《环境违法行为限期改正通知书》后仍未办理环境保护设施竣工验收手续，违反了《建设项目环境保护管理条例》第二十七条的规定。被申请人据此于2010年3月作出处罚决定，认定事实清楚，适用法律正确，请求行政复议机关依法维持。

行政复议机关认为，根据《行政复议法实施条例》第五十条的规定，行政复议机关对有关行政机关行使自由裁量权的案件可以按照自愿、合法的原则进行调解。经调解，当事人达成如下协议：申请人承诺在3个月内按环评批复要求完成环境保护设施建设，并申请验收；验收通过前，停止项目生产；被申请人对申请人不予罚款处罚。

案例 9

未经环境影响评价而擅自开工建设的，环境保护监督管理部门责令停止建设，处以罚款（海南省高级人民法院［2017］琼行审复14号）

2016年5月23日，昌江环保局认定桂某祥位于昌江县海尾镇海尾老市西南侧"楼脚地"的养殖塘自建成投苗养殖以来，未办理建设项目环境影响评价手续而违反了《环境保护法》第十九条、《环境影响评价法》第二十五条的规定，该局作出处罚决定书，责令桂某祥的养殖厂停止建设，并处以罚款伍万元；如逾期不缴纳罚款，每日将按罚款数额的百分之三加处罚款。该决定书作出后，在法定期限内，桂某祥既未申请行政复议又未向人民法院提起诉讼，也不履行处罚决定。经昌江环保局催告，仍没有履行，故该局向一审法院申请强制执行。一审法院认为，昌江环保局未依据环评法第三十一条的规定先责令桂某祥限期补办手续，而是直接作出罚款处罚，不符合该法律规定，故昌江环保局作出处罚决定书的程序不合法。一审法院依照《最高人民法院关于执行〈中华人民共和国行政诉讼法〉若干问题的解释》第九十五条第（三）项之规定，裁定不准予强制执行处罚决定书。申请复议人昌江环保局的行政复议请求：依法撤销原审裁定，强制执行处罚决定书。

本院经审查认为，桂某祥未依法进行环境影响评价，而在昌江县海尾镇海尾老市西南侧"楼脚地"自建养殖塘并投苗养殖，该行为违反《环境保护法》第十九条、《环境影响评价法》第二十五条的规定。昌江环保局对该事实认定清楚、证据充分。《环境保护法》第六十一条明确规定，未经环境影响评价而擅自开工建设的，环境保护监督管理部门责令停止建设，处以罚款。《环境影响评价法》第三十一条第二款明确规定，未经环境影响评价而擅自开工建设的，环境保护部门责令停止建设，可以处五万元以上二十万元以下的罚款。本案中，桂某祥在未依法进行环境影响评价的情况下，建成养殖塘并实际投入使用，该养殖塘并非备建或在建工程，要求昌江环保局依《环境影响评价法》第三十一条第一款的规定责令桂某祥限期补办手续已无任何实际意义。昌江环保局依据《环境影响评价法》第三十一条第二款的规定，对桂某祥处以罚款五万元，适用法律正确，程序并无不当。昌江环保局的行政处罚决定书并不存在《最高人民法院关于执行〈中华人民共和国行政诉讼法〉若干问题的解释》第九十五条第（三）项的其他明显违法并损害被执行人合法权益的事由，一审法院认定处罚决定程序不合法，没有事实依据，应予以纠正。昌江环保局复议请求的理由成立，应予支持。

相关案例索引

冯某某与鹤山市某局环保行政处罚纠纷上诉案（广东省江门市中级人民法院［2013］江中法行终字第54号）

本案要点

冯某某经营的某鞋材厂作为一家加工鞋材的个体工商户，依法属于环境保护法规定的建设项目的范围，同时根据环境保护部《建设项目环境影响评价分类管理名录》的规定，鞋业制造属于需要进行环境影响评价的建设项目。未办理环境评价文件及项目竣工环保验收文件，也未建设需配套的环境保护治理设施，擅自进行鞋业生产，应承担相应的行政责任。

● **相关规定**

《环境影响评价法》；本法61、63

第二十条　【联防联控】国家建立跨行政区域的重点区域、流域环境污染和生态破坏联合防治协调机制，实行统一规划、统一标准、统一监测、统一的防治措施。

前款规定以外的跨行政区域的环境污染和生态破坏的防治，由上级人民政府协调解决，或者由有关地方人民政府协商解决。

第二十一条　【环境保护产业】国家采取财政、税收、价格、政府采购等方面的政策和措施，鼓励和支持环境保护技术装备、资源综合利用和环境服务等环境保护产业的发展。

条文注释

环保产业主要包括环境保护技术装备、资源综合利用和环境服务等方面。

1. 环境保护技术装备。包括：提供废水处理、固体废物处理、大气污染控制、噪声控制等设备和技术、环境监测仪器和设备、环保科学技术研究和实验室设备、环境事故处理和用于自然保护以及提高城市环境质量的技术和设备等。

2. 资源综合利用。包括：（1）共生、半生矿产资源综合利用。例如，煤系共生、瓦斯等。（2）废水（液）、废气和废渣资源综合利用。例如，河道淤泥、工业废水、垃圾等。（3）再生资源综合利用。包括废轮胎、锯末、农作物秸秆等。3. 环境服务。一是专业化服务业。为排污企业环保基础设施提供社会化运营服务，典型的是特许经营。例如，为钢铁企业提供脱硫、脱硝设施维护、运营服务。二是环境咨询服务业。包括环境政策咨询、环境战略咨询、环境规划咨询、环境工程咨询、环境技术咨询、环境法律咨询、环境服务贸易咨询等专业咨询服务业。

● *相关规定*

《企业所得税法》第 28 条；《循环经济促进法》44、46

> **第二十二条　【对减排企业鼓励和支持】**企业事业单位和其他生产经营者，在污染物排放符合法定要求的基础上，进一步减少污染物排放的，人民政府应当依法采取财政、税收、价格、政府采购等方面的政策和措施予以鼓励和支持。

条文注释

1. 财政支持

《清洁生产促进法》规定，对必须进行强制性清洁生产审核以外的企业，可以自愿与清洁生产综合协调部门和环境保护部门签订进一步节约资源、消减污染物排放量的协议。对协议中载明的技术改造项目，由县级以上政府给予资金支持。《循环经济促进法》规定，国务院和省、自治区、直辖市人民政府设立发展循环经济的有关专项资金，支持循环经济的科技研究开发、循环经济技术和产品的示范与推广、重大循环经济项目的实施、发展循环经济的信息服务等。

2. 税收优惠

《企业所得税法》规定，从事符合条件的环境保护、节能节水项目的所得可以免征、减征企业所得税；企业购置用于环境保护、节能节水、安全生产等专用设备的投资额，可以按一定比例实行税额抵免。《车船税法》规定，对节约能源、使用新能源的车船可以减征或者免征车船税。《清洁生产促进法》《循环经济促进法》等法律中对清洁生产、综合利用资源的活动给予税收优惠。

3. 绿色采购

《清洁生产促进法》规定，各级人民政府应当优先采购节能、节水、废物再生利用等有利于环境与资源保护的产品。各级人民政府应当通过宣传、教育等措施，鼓励公众购买和使用节能、节水、废物再生利用等有利于环境与资源保护的产品。《循环经济促进法》规定，国家实行有利于循环经济发展的政府采购政策。使用财政性资金进行采购的，应当优先采购节能、节水、节材和有利于保护环境的产品及再生产品。

4. 绿色信贷

《循环经济促进法》规定，对符合国家产业政策的节能、节水、节地、节材、资源综合利用等项目，金融机构应当给予优先贷款等信贷支持，并积极提供配套金融服务。

● **相关规定**

《清洁生产促进法》16～34；《循环经济促进法》42、44、45、47；《企业所得税法》27、34；《车船税法》第4条

第二十三条 【环境污染整治企业的支持】企业事业单位和其他生产经营者，为改善环境，依照有关规定转产、搬迁、关闭的，人民政府应当予以支持。

第二十四条 【现场检查】县级以上人民政府环境保护主管部门及其委托的环境监察机构和其他负有环境保护监督管理职责的部门，有权对排放污染物的企业事业单位和其他生产经营者进行现场检查。被检查者应当如实反映情况，提供必要的资料。实施现场检查的部门、机构及其工作人员应当为被检查者保守商业秘密。

条文注释

1. 现场检查

本条规定的现场检查包括：现场监督检查污染源的污染物排放情况、污染防治设施运行情况、环境保护行政许可执行情况、建设项目环境保护法律法规的执行情况等；现场监督检查自然保护区、畜禽养殖污染防治等生态和农村环境保护法律法规执行情况。在检查过程中，执法人员可以勘察、采样、监测、拍照、录音、录像、制作笔录，可以查

阅、复制相关资料，可以约见、询问有关人员，可以要求有关人员说明相关事项、提供相关材料。

2. 现场检查的主体

县级以上人民政府环境保护主管部门包括：环保部，省级人民政府环保厅、局，设区的市级的人民政府环保局，县级人民政府环保局等。

环境保护主管部门委托的环境监察机构。实践中，各级环境监察机构有的称为环境监察局，有的根据级别不同称为环境监察总队、环境监察支队、环境监察大队、环境监察中队或者环境监察所。

其他负有环境保护监督管理职责部门是指依照其他法律法规履行监督管理职责的各级公安、交通、铁道、渔业、林业、国土等部门。这些部门也可以依法对管辖范围内的企业事业单位和其他生产经营者进行现场检查。

第二十五条　【查封、扣押】企业事业单位和其他生产经营者违反法律法规规定排放污染物，造成或者可能造成严重污染的，县级以上人民政府环境保护主管部门和其他负有环境保护监督管理职责的部门，可以查封、扣押造成污染物排放的设施、设备。

条文注释

查封、扣押权实施的主体是县级以上人民政府环境保护主管部门和其他负有环境保护监督管理职责的部门。需要强调的是，查封、扣押应当由行政机关具备资格的行政执法人员实施，其他人员不得实施。查封、扣押权也不得委托给其他单位和个人。依照《行政强制法》的规定，行使相对集中行政处罚权的行政机关，可以实施法律、法规规定的与行政处罚权有关的行政强制措施。

查封、扣押的对象是企业事业单位和其他生产经营者的造成污染物排放的设施、设备。为了尽量保护行政相对人的合法权益，《行政强制法》规定，查封、扣押限于涉案的场所、设施或者财物，不得查封、扣押与违法行为无关的场所、设施或者财物；不得查封、扣押公民个人及其所扶养家属的生活必需品。同时规定，当事人的场所、设施或者财物已被其他国家机关依法查封的，不得重复查封。

查封、扣押的条件是违反法律法规规定排放污染物，造成或者可能造成严重污染。

查封、扣押实施程序依照《行政强制法》的规定实施。

● **相关规定**

《行政强制法》第三章第一节、第二节

第二十六条　【目标责任制和考核评价制度】国家实行环境保护目标责任制和考核评价制度。县级以上人民政府应当将环境保护目标完成情况纳入对本级人民政府负有环境保护监督管理职责的部门及其负责人和下级人民政府及其负责人的考核内容，作为对其考核评价的重要依据。考核结果应当向社会公开。

条文注释

环境保护目标责任制，概括地说就是确定环境保护的一个目标、确定实现这一目标的措施，签订协议、做好考核、明确责任，保障措施得以落实、目标得以实现。在具体操作上，主要是上级政府或其委托的部门，根据本地区环境总体目标，结合实际情况制定若干具体目标和配套措施，分解到所辖地方政府、部门或者单位，并签订责任书。同时，将责任书公开，接受社会监督。

本条的考核评价与目标责任密切相关，考核的是目标的完成情况，并将其作为对人的考察的重要依据。考核的对象包括两个部分：一是本级人民政府负有环境保护监督管理职责的部门及其负责人，包括但不限于环境保护主管部门及其负责人；二是下级人民政府及其负责人。

第二十七条 【人大监督】县级以上人民政府应当每年向本级人民代表大会或者人民代表大会常务委员会报告环境状况和环境保护目标完成情况，对发生的重大环境事件应当及时向本级人民代表大会常务委员会报告，依法接受监督。

● *相关规定*

《各级人民代表大会常务委员会监督法》第二章

第三章　保护和改善环境

第二十八条 【环境质量责任】地方各级人民政府应当根据环境保护目标和治理任务，采取有效措施，改善环境质量。

未达到国家环境质量标准的重点区域、流域的有关地方人民政府，应当制定限期达标规划，并采取措施按期达标。

条文注释

排放水污染物超过国家或者地方规定的水污染物排放标准，或者超过重点水污染物排放总量控制指标的，由县级以上人民政府环境保护主管部门按照权限责令限期治理，处应缴纳排污费数额二倍以上五倍以下的罚款。限期治理期间，由环境保护主管部门责令限制生产、限制排放或者停产整治。限期治理的期限最长不超过一年；逾期未完成治理任务的，报经有批准权的人民政府批准，责令关闭。

对超过污染物排放标准的，或者在规定的期限内未完成污染物排放削减任务的，或者造成海洋环境严重污染损害的，应当限期治理。

未达到大气环境质量标准的大气污染防治重点城市，应当按照国务院或者国务院环境保护行政主管部门规定的期限，达到大气环境质量标准。该城市人民政府应当制定限期达标规划，并可以根据国务院的授权或者规定，采取更加严格的措施，按期实现达标规划。

● **相关规定**

《水污染防治法》第 4 条；《大气污染防治法》8～13；《海洋环境保护法》第 12 条

> **第二十九条　【生态保护红线】**国家在重点生态功能区、生态环境敏感区和脆弱区等区域划定生态保护红线，实行严格保护。
>
> 各级人民政府对具有代表性的各种类型的自然生态系统区域，珍稀、濒危的野生动植物自然分布区域，重要的水源涵养区域，具有重大科学文化价值的地质构造、著名溶洞和化石分布区、冰川、火山、温泉等自然遗迹，以及人文遗迹、古树名木，应当采取措施予以保护，严禁破坏。

条文注释

关于在重点生态功能区划定生态保护红线。在《全国主体功能区规划》中的大小兴安岭森林、长白山森林等 25 个国家重点生态功能区，通过开展生态系统服务重要性评价划定全国重要生态功能区保护红线，对生态系统服务重要性进行等级划分，并明确其空间分布，将重要性等级高、人为干扰小的核心区域划定为重要生态功能区保护红线。

关于在生态环境敏感区、脆弱区划定生态保护红线。针对我国生态环境敏感区、脆弱区生态系统结构稳定性较差，易受外界干扰发生退化，威胁人类居住环境安全的现实情况，在《全国生态功能区划》中的生态环境敏感区和《全国生态脆弱区保护规划纲要》中的生态脆弱区范围内，识别生态环境敏感性主要特征，通过开展水土流失、土地沙化、石漠化等生态环境敏感性评价，对区域生态环境敏感性进行等级划分，并明确其空间分布，将敏感性等级高、易受人为扰动的区域划定为生态保护红线。

第三十条 【保护生物多样性】 开发利用自然资源，应当合理开发，保护生物多样性，保障生态安全，依法制定有关生态保护和恢复治理方案并予以实施。

引进外来物种以及研究、开发和利用生物技术，应当采取措施，防止对生物多样性的破坏。

第三十一条 【生态保护补偿制度】 国家建立、健全生态保护补偿制度。

国家加大对生态保护地区的财政转移支付力度。有关地方人民政府应当落实生态保护补偿资金，确保其用于生态保护补偿。

国家指导受益地区和生态保护地区人民政府通过协商或者按照市场规则进行生态保护补偿。

第三十二条 【调查、监测、评估和修复制度】 国家加强对大气、水、土壤等的保护，建立和完善相应的调查、监测、评估和修复制度。

条文注释

《大气污染防治法》规定了大气监测制度，该法第二十三条第一款规定："国务院生态环境主管部门负责制定大气环境质量和大气污染源的监测和评价规范，组织建设与管理全国大气环境质量和大气污染源监测网，组织开展大气环境质量和大气污染源监测，统一发布全国大气环境质量状况信息。"设置该制度的意义是，开展全国性的大气污染监测工作评价和掌握大气环境质量及大气污染状况，为大气污染防治通过监测数据和测试技术、方法提供法律依据。

《水污染防治法》规定了水监测制度。该法第二十五条规定，"国务院环境保护主管部门负责制定水环境监测规范，统一发布国家水环境状况信息，会同国务院水行政等部门组织监测网络"。

● **相关规定**

《大气污染防治法》第 23 条；《水污染防治法》第 25 条

> **第三十三条 【农业与农村环境保护】** 各级人民政府应当加强对农业环境的保护，促进农业环境保护新技术的使用，加强对农业污染源的监测预警，统筹有关部门采取措施，防治土壤污染和土地沙化、盐渍化、贫瘠化、石漠化、地面沉降以及防治植被破坏、水土流失、水体富营养化、水源枯竭、种源灭绝等生态失调现象，推广植物病虫害的综合防治。
>
> 县级、乡级人民政府应当提高农村环境保护公共服务水平，推动农村环境综合整治。

条文注释

农业环境是指与农业生物的生长、发育和繁殖密切相关的水、空气、阳光、土壤、森林、草原等要素组成的综合体。

土地沙化是指主要因人类不合理活动所导致的天然沙漠扩张和砂质土壤上植被及覆盖物被破坏，形成流沙及沙土裸露的过程。

盐渍化是指水灌地由于盐分积聚而缓慢恶化，也就是易溶性盐分在土壤表层积累的过程。

贫瘠化是指土壤的物理、化学和生物特性劣化，如表现为有机质含量下降、营养元素亏缺、土壤结构破坏、土壤被侵蚀、土层变薄、土壤板结等。

石漠化是指在热带、亚热带湿润、半湿润气候条件和岩溶发育的背景下，受人为活动干扰，使地表植被遭受破坏，导致土壤严重流失，基岩大面积裸露或砾石堆积的土地退化现象。

水体富营养化是指由于大量的氮、磷、钾等元素排入流速缓慢、更新周期长的地表水体，使藻类等水生生物大量生长繁殖，使有机物产生的速度远远超出消耗速度，水体中有机物积蓄，破坏生态平衡的过程。

农村环境是指以农村居民为中心的农村区域范围内各种天然的和经过人工改造的自然因素的整体，包括该区域范围内的土地、大气、水、动植物等。保护农村环境，有利于农村经济、社会持续、稳定、协调发展，同时也是保障农村居民身体健康的需要

第三十四条　【海洋环境保护】国务院和沿海地方各级人民政府应当加强对海洋环境的保护。向海洋排放污染物、倾倒废弃物，进行海岸工程和海洋工程建设，应当符合法律法规规定和有关标准，防止和减少对海洋环境的污染损害。

条文注释

排放污染物是指"把污染物排入海洋的行为，包括泵出、溢出、泄出、喷出和倒出"；倾倒废弃物是指"通过船舶、航空器、平台或者其他载运工具，向海洋处置废弃物和其他有害物质的行为，包括弃置船舶、航空器、平台及其辅助设施和其他浮动工具的行为"。

新建、改建、扩建海岸工程建设项目，必须遵守国家有关建设项目环境保护管理的规定，并把防治污染所需资金纳入建设项目投资计划。在依法划定的海洋自然保护区、海滨风景名胜区、重要渔业水域及其他需要特别保护的区域，不得从事污染环境、破坏景观的海岸工程项目建设或者其他活动。海岸工程建设项目的单位，必须在建设项目可行性研究阶段，对海洋环境进行科学调查，根据自然条件和社会条件，合理选址，编报环境影响报告书。环境影响报告书报环境保护行政主管部门审查批准。环境保护行政主管部门在批准环境影响报告书之前，必须征求海洋、海事、渔业行政主管部门和军队环境保护部门的意见。禁止在沿海陆域内新建不具备有效治理措施的化学制浆造纸、化工、印染、制革、电镀、酿造、炼油、岸边冲滩拆船以及其他严重污染海洋环境的工业生产项目。

海洋工程建设项目必须符合海洋功能区划、海洋环境保护规划和国家有关环境保护标准，在可行性研究阶段，编报海洋环境影响报告书，

由海洋行政主管部门核准，并报环境保护行政主管部门备案，接受环境保护行政主管部门监督。海洋行政主管部门在核准海洋环境影响报告书之前，必须征求海事、渔业行政主管部门和军队环境保护部门的意见。海洋工程建设项目，不得使用含超标准放射性物质或者易溶出有毒有害物质的材料。

● **相关规定**

《海洋环境保护法》

> **第三十五条**　**【城乡建设中环境保护】**城乡建设应当结合当地自然环境的特点，保护植被、水域和自然景观，加强城市园林、绿地和风景名胜区的建设与管理。

条文注释

城乡建设中考虑环境保护因素，基本原则是要"结合当地自然环境的特点"，特别是要做好事关以下几项环境要素的保护和建设工作。

1. 植被。一般认为植被就是覆盖地球表面或某一地区内的植物及其群落的泛称，如高山植被、草原植被、海岛植被等。《草原法》《水土保持法》《海岛保护法》《水法》《防沙治沙法》多部法律法规中都对"保护植被"提出了要求。

2. 水域。一般认为水域就是有一定含义或用途的水体所占有的区域，如江河、湖泊、运河、渠道、水库、水塘及其管理范围，但不包括海域和在耕地上开挖的鱼塘。《港口法》《水法》《海洋环境保护法》《野生动物保护法》多部法律法规中都对"保护（特定）水域"作出了规定。

3. 自然景观。我国法律法规中常将"自然景观"作为与"人文景观"相并列的概念。但实际上，自从人类生活在地球表面以来，未受人类影响的景观在有人类生存的地域已经很少存在。我国法律法规中的"自然景观"应当理解为天然景观和人为景观的自然方面的总称，强调景物的自然方面特征。与其并列的"人文景观"，则是强调景物的经济、社会等方面特征。

4. 城市园林。城市园林是指在城市一定的地域运用工程技术和艺术手段，通过改造地形（如进一步筑山、叠石、理水）、种植树木花草、营造建筑和布置路园等途径创作而成的美的环境场所，如城市公园、植物园等。

5. 城市绿地。城市绿地是人工绿化的绿色地域系统，包括各种公园绿地、街道绿地、居住绿地、机关单位绿地等共同组成的绿化地域。绿地是城市生态环境系统的重要组成部分，对美化城市、改善城市生态环境质量起着极大的作用。

6. 风景名胜区。依照《风景名胜区条例》的定义，风景名胜区是指具有观赏、文化或者科学价值，自然景观、人文景观比较集中，环境优美，可供人们游览或者进行科学、文化活动的区域。国家对风景名胜区实行科学规划、统一管理、严格保护、永续利用的原则。

● **相关规定**

《城乡规划法》第 4 条；《环境影响评价法》第 2 条；《风景名胜区条例》第 2 条

第三十六条　【使用环保产品】国家鼓励和引导公民、法人和其他组织使用有利于保护环境的产品和再生产品，减少废弃物的产生。

国家机关和使用财政资金的其他组织应当优先采购和使用节能、节水、节材等有利于保护环境的产品、设备和设施。

条文注释

各级人民政府应当优先采购节能、节水、废物再生利用等有利于环境与资源保护的产品。各级人民政府应当通过宣传、教育等措施，鼓励公众购买和使用节能、节水、废物再生利用等有利于环境与资源保护的产品。

国家机关及使用财政性资金的其他组织应当厉行节约、杜绝浪费，带头使用节能、节水、节地、节材和有利于保护环境的产品、设备和设施、节约使用办公用品。国务院和县级以上地方人民政府管理机关事务工作的机构会同本级人民政府有关部门制定本级国家机关等机构的用能、用水定额指标，财政部门根据该定额指标制定支出标准。

● *相关规定*

《政府采购法》第 9 条；《审计法》第 19 条；《清洁生产促进法》第 16 条；《循环经济促进法》第 25 条

第三十七条 【生活废弃物的分类与回收】地方各级人民政府应当采取措施，组织对生活废弃物的分类处置、回收利用。

● *相关规定*

《固体废物污染环境防治法》第 6 条；《循环经济促进法》第 41 条

第三十八条 【公民的环保义务】公民应当遵守环境保护法律法规，配合实施环境保护措施，按照规定对生活废弃物进行分类放置，减少日常生活对环境造成的损害。

● *相关规定*

本法 6、28、33、37、51；《大气污染防治法》第 7 条；《固体废物污染环境防治法》第 9 条；《农业法》第 65 条；《循环经济促进法》10、34

第三十九条 【环境质量与公众健康】国家建立、健全环境与健康监测、调查和风险评估制度；鼓励和组织开展环境质量对公众健康影响的研究，采取措施预防和控制与环境污染有关的疾病。

● *相关规定*

本法 17、18

第四章　防治污染和其他公害

> **第四十条　【清洁生产和清洁能源】**国家促进清洁生产和资源循环利用。
>
> 国务院有关部门和地方各级人民政府应当采取措施，推广清洁能源的生产和使用。
>
> 企业应当优先使用清洁能源，采用资源利用率高、污染物排放量少的工艺、设备以及废弃物综合利用技术和污染物无害化处理技术，减少污染物的产生。

条文注释

清洁生产是指不断采取改进设计、使用清洁的能源和原料、采用先进的工艺技术与设备、改善管理、综合利用等措施，从源头减少污染，提高资源利用效率，减少或者避免生产、服务和产品使用过程中污染物的产生和排放，以减轻或者消除对人类健康和环境的危害。

资源循环利用是指资源重复使用，减少废物产生，包括废物再利用和资源化。废物再利用是指将废物直接作为产品或者经修复、翻新、再制造后继续作为产品使用，或者将废物的全部或者部分作为其他产品的部件予以使用。废物资源化是指将废物直接作为原料进行利用或者对废物进行再生利用。

清洁能源，分为狭义和广义两种概念。狭义的清洁能源是指可再生能源，如水能、生物能、太阳能、风能、地热能和海洋能。广义的清洁能源除包括可再生能源外，还包括天然气、清洁煤（将煤通过化学反应转变成煤气或煤油、通过高新技术严密控制的燃烧转变成电力）和核能等低污染的能源。本法规定的为广义的清洁能源。

● **相关规定**

《清洁生产促进法》；《循环经济促进法》；《可再生能源法》；《大气污染防治法》41、43

第四十一条 【"三同时"制度】建设项目中防治污染的设施，应当与主体工程同时设计、同时施工、同时投产使用。防治污染的设施应当符合经批准的环境影响评价文件的要求，不得擅自拆除或者闲置。

条文注释

"同时设计"，是指建设项目的初步设计，应当按照环境保护设计规范的要求，编制环境保护篇章，并依据经批准的建设项目环境影响报告书或者环境影响报告表，在环境保护篇章中落实防治污染设施的投资概算。

"同时施工"，是在建设项目施工阶段，建设单位应当将防治污染设施的施工纳入项目的施工计划，保证其建设进度和资金落实。

"同时投产使用"，是指建设单位必须把防治污染设施与主体工程同时投入运转，不仅指正式投产使用，还包括建设项目试生产和试运行过程中的同时投产使用。

案例 10

电磁辐射符合公众照射导出限值要求不构成侵权（最高人民法院《人民司法·案例》2011 年 6 期）

季某所住房屋位于广播电视局（镇江市广播电视局）所有的广播电视大楼北面，两幢楼前后相邻。季某以广播电视局楼顶安装的广播电视发射装置存在强电磁辐射，造成其家人及周围居民身体患病为由，提起诉讼，请求判令广播电视局停止侵害，转移发射装置或为其安排同等条件的其他住房。

广播电视局辩称：季某患病与其楼顶发射装置辐射无关，其发射装置不会对周围敏感点产生超标的电磁辐射影响，请求驳回季某的诉讼请求。

法院审理期间，广播电视局提供了某辐射环境保护咨询中心出具的电磁辐射项目环境影响报告表，结论为项目在正常运行情况下，周围环境电磁辐射功率密度符合《电磁辐射防护规定》中公众照射的导出限值要求。此外，根据报告中实地测量的数值，可确定季某住处测到的辐射值近乎微小。一审法院判决：驳回季某的诉讼请求。

季某不服一审判决，以环评报告未经行政审批，不应作为证据使用，且报告内容缺乏科学性为由提起上诉，请求对其所受损害与广播电视局的辐射行为是否存在因果关系进行鉴定。

二审法院认为，依据广播电视局提供之报告中实地测量的数值，季某住处测到的辐射值近乎微小，对人体的影响属于安全范围。同时，环评报告中的测量数值能够客观地反映广播电视局发射台的辐射，对于季某是在安全量值范围之内的。而且，在人们的生活环境中亦不乏电磁辐射源，电视机、电磁炉、电脑、手机等都可能成为辐射源。综上，广播电视局的行为不构成侵权，其无须承担赔偿责任。判决：驳回上诉，维持原判。

案例 11

防治污染的设施应当符合经批准的环境影响评价文件的要求，不得擅自拆除或者闲置（广东省佛山市中级人民法院 [2017] 粤 06 行终第 757 号）

2016 年 7 月 8 日，南海区环保局的执法人员到徐某炯的个人经营木器厂检查时发现，徐某炯主要从事木制家具加工生产，现场未能提供环保审批验收手续。南海区环保局经调查核实后，于 2016 年 9 月 6 日对徐某炯作出《听证告知书》，告知徐某炯拟作出行政处罚的主要事实，及有要求组织听证、提出陈述申辩的权利。徐某炯于 2016 年 9 月 8 日向南海区环保局提出《行政处罚陈述申辩书》。南海区环保局对徐某炯提交的陈述申辩意见经过复核后，于 2016 年 9 月 13 日对徐某炯的木器厂再次进行现场检查，发现徐某炯的加工生产设备已经搬走。2016 年 10 月 14 日，南海区环保局作出南环罚（2016）193 号《行政处罚决定书》，认为徐某炯的行为违反了《建设项目环境保护管理条例》第十六条的规定，根据该条例第二十八条的规定，对徐某炯处罚款 4 万元。并于同日邮寄送达徐某炯。

一审判决认为，《环境保护法》第十条第一款规定："国务院环境保护主管部门，对全国环境保护工作实施统一监督管理；县级以上地方人民政府环境保护主管部门，对本行政区域环境保护工作实施统一监督管理。"第四十一条规定："建设项目中防治污染的设施，应当与主体工程同时设计、同时施工、同时投产使用。防治污染的设施应当符合经批准的环境影响评价文件的要求，不得擅自拆除或者闲置。"南海区环保局作为县级地方人民政府环保部门，根据上述规定对徐某炯的建设项目违反防治污染的设施应当与主体工程同时设计、同时施工、同时投产使用的行为，有进行处罚的职权。南海区环保局经调查核实，在作出行政处罚决定之前，根据《中华人民共和国行政处罚法》第三十一条、第三十二条、第四十二条的规定，已告知徐某炯拟作出行政处罚决定的事实、理由及依据，享有陈述和申辩权，有要求组织听证的权利，并对徐某炯提出的陈述申辩意见进行了复核，程序合法。

徐某炯不服一审判决，提起上诉。

二审法院认为，南海区环保局系佛山市南海区人民政府环境保护主管部门，有对本行政区域环境保护工作实施统一监督管理的职责，其作出被诉之南环罚（2016）193号行政处罚决定的主体适格。南海区环保局进现场检查和调查，核实徐某炯的环境违法行为之后，向徐某炯送达《行政处罚听证告知书》，告知徐某炯拟作出行政处罚的事实、理由和依据，并告知其陈述申辩和要求组织听证的权利；之后接受徐某炯提交的《行政处罚陈述申辩书》，听取了徐某炯的陈述、申辩意见；调查终结后，经集体讨论和行政机关负责人审查同意，南海区环保局作出被诉之南环罚（2016）193号行政处罚决定，将南环罚（2016）193号《行政处罚决定书》依法送达给徐某炯，告知徐某炯提起行政复议或者行政诉讼的权利和期限；南海区环保局作出被诉行政行为的程序合法。

故判决：驳回上诉，维持原判。

案例 12

住宅地下室安装的无防护措施配电设备应拆除迁移（最高人民法院《人民司法·案例》2012 年第 14 期）

穆某、李某、陈某三人分别购买了鑫东海公司（南阳市鑫东海置业有限公司）开发的南阳市卧龙苑小区 9 号楼 1 单元 103、102、101 室，均为一楼。三人购买房屋时，鑫东海公司没有告知穆某、李某、陈某在地下室安装有高压配电设备。穆某、李某、陈某入住后，感觉室内有持续噪声，发现其所住房屋的地下室安装有高压配电设备和应急发电设备，配电设备现场没有安装隔音、隔磁设施。

穆某、李某、陈某以鑫东海公司不符合建设部《住宅设计规范》规定在其所住房屋的地下室内安装高压配电设备、应急发电设备及配套油罐，严重影响其生活，使其身心健康受到损害，同时存在安全隐患，并在卖房时隐瞒地下室安装有高压配电设备的事实，侵害其购房知情权为由，提起诉讼，请求法院判令鑫东海公司停止侵害，拆除安装在地下室的高压配电设备和应急发电设备，物业公司（南阳市融侨物业管理有限公司）承担责任。

鑫东海公司答辩称：其在地下室布置安装的高压配电设备是按照设计图纸施工的，符合建设部《民用建筑电气设计规范》中可以安装在住宅楼地下室的要求，并且经过供电部门、消防部门及相关质检部门验收合格；经检测，其变压器的噪声值并不超标，整个配电设备与穆某、李某、陈某住室保持有相应的安全距离，电磁场能量很低，对穆某、李某、陈某不会造成噪声和电磁辐射方面的影响；穆某、李某、陈某没有证据证明地下室的高压配电设备已造成了侵害，应驳回穆某、李某、陈某的诉讼请求。

物业公司答辩称：地下室的高压配电设备系鑫东海公司安装，所有权归属鑫东海公司，该纠纷与物业公司无关。

一审法院判决：鑫东海公司拆除穆某、李某、陈某所住楼负一楼安装的全部高压配电设备及应急发电设备，并迁移到不影响小区居民安全生活的地方；驳回穆某、李某、陈某要求物业公司承担民事责任的请求。

鑫东海公司不服一审判决，以其安装的配电设备经测试合格，噪声测试符合国家标准，安装在负一楼符合国家相关规定，且穆某、李某、陈某买房前应对周围环境进行考察，鑫东海公司并不侵犯知情权，如拆除配电设备则无他处安装为由，提起上诉，请求法院依法改判。

二审法院认为，依据原建设部《住宅设计规范》中规定，变压器不宜布置在住宅建筑内，若受条件限制必须布置时，应对设备及用房采取隔声、消振、消声等措施，以防止对住户的干扰，并保证设备安全运行。本案中，鑫东海公司开发的小区内仍有大面积空地可以利用，鑫东海公司可以选择其他场地安装配电设备，但鑫东海公司却将配电设备安装在住宅建筑的地下室内，同时未采取相应的隔音、隔磁防护措施。本案系关于鑫东海公司实施环境污染侵权损害赔偿案件，特殊侵权行为，依法应适用举证责任倒置原则。而现有证据证明变压器噪声超过国家环保部门规定的人体能够适应的标准值。据此，应当认定鑫东海公司在地下室安装配电设备对穆某、李某、陈某造成了影响。另外，鑫东海公司在购房者买房时没有告知配电设备安装问题，侵害了购房者的知情权。鑫东海公司应将配电设备拆除并迁移到不影响居民居住生活的地方。物业公司仅是小区的物业管理者，并不是配电设备的所有权人，物业公司不承担民事责任。判决：驳回上诉，维持原判。

相关案例索引

1. 德安县吴山乡张塘村五组与德安县环境保护局环保行政不作为纠纷上诉案（江西省九江市中级人民法院［2011］九中行终字第1号）

本案要点

本案争议的焦点为上诉人所诉环保违法事实是否属于被上诉人的职责范围以及由此而产生的是否构成行政不作为的问题。原审第三人方圆公司尾矿库、国信公司曾家垅选厂、隆福公司尾矿库的审批均非被上诉人德安县环保局的职责，无论审批过程中是否存在违法情由，上诉德安县吴山乡张塘村五组以此起诉被上诉人德安县环保局行政不作为均不予支持。

2. 毕节市织金县城关镇登高楼养殖场与贵州宏洲房地产开发有限公司噪声污染责任纠纷上诉案（贵州省遵义市中级人民法院［2017］黔03民终第3664号）

本案要点

在施工过程中采用挖掘机（含破碎机）、空压机等大型机械设备进行基础挖掘，前述大型机械在施工中产生的震动和噪声对登高楼养殖场的养殖活动造成严重影响，应承担赔偿责任。

● *相关规定*

《水污染防治法》第17条；《大气污染防治法》第20条；《固体废物污染环境防治法》第14条

> **第四十二条　【生产经营者的防治污染责任】**排放污染物的企业事业单位和其他生产经营者，应当采取措施，防治在生产建设或者其他活动中产生的废气、废水、废渣、医疗废物、粉尘、恶臭气体、放射性物质以及噪声、振动、光辐射、电磁辐射等对环境的污染和危害。
>
> 排放污染物的企业事业单位，应当建立环境保护责任制度，明确单位负责人和相关人员的责任。
>
> 重点排污单位应当按照国家有关规定和监测规范安装使用监测设备，保证监测设备正常运行，保存原始监测记录。
>
> 严禁通过暗管、渗井、渗坑、灌注或者篡改、伪造监测数据，或者不正常运行防治污染设施等逃避监管的方式违法排放污染物。

条文注释

废气，是指生产经营过程中产生的二氧化硫、氮氧化物等有毒有害气体。

废水，是指生产经营过程中产生的污水和废液，其中含有随水流失的生产用料、中间产物以及各种有毒有害物质。

废渣，是指生产经营过程中产生的有毒的、易燃的、有腐蚀性的、传染疾病的以及其他有害的固体废物。

医疗废物，是指医疗卫生机构在医疗、预防、保健以及其他相关活动中产生的具有直接或者间接感染性、毒性以及其他危害性的废物。医疗废物中可能含有大量病原微生物和有害化学物质，甚至会有放射性和损伤性物质，因此，医疗废物是引起疾病传播或相关公共卫生问题的重要危险性因素。防治医疗废物污染是这次修订新增加的内容。

粉尘，是指悬浮在空气中的固体微粒。国际标准化组织将粒径小于75μm的固体悬浮物定义为粉尘。

恶臭气体，《恶臭污染物排放国家标准》将其定义为：一切刺激嗅觉器官引起人们不愉快及损坏生活环境的气体物质。工业生产、市政污水、污泥处理及垃圾处置设施等是恶臭气体的主要来源。

放射性物质，是指铀、钍等能向外辐射能量，发出α射线、β射线和γ射线的物质。

噪声，是指生产设备、建筑机械、汽车、船舶、地铁、火车、飞机、家用电器、社会活动等产生的妨碍人们正常休息、学习和工作的声音。

振动，是指以弹性波的形式在地面、墙壁等环境中传播的对人体及生物带来有害影响的振动，在建筑施工、轨道交通建设和运营等生产经营活动中时有发生。振动会引起人体内部器官的共振，从而导致疾病的发生。

光辐射，按辐射波长及人眼的生理视觉效应分为紫外辐射、可见光辐射和红外辐射。过量的光辐射对人体健康和生产生活环境带来不良影响，成为光污染。典型的光污染有"白亮污染""人工白昼""彩光污染"等。"白亮污染"指太阳光照射强烈时，建筑物的玻璃幕墙、釉面砖墙、磨光大理石和各种涂料等装饰反射的光线白亮刺眼，容易造成交通事故等危害。"人工白昼"指夜幕降临后建筑物、广场、街道等室外场所过量的照明设施使得夜晚如同白天一样，影响天文观测和人们的正常休息，还可能破坏昆虫在夜间的繁殖。"彩光污染"指舞厅、夜总会安装的黑光灯、旋转灯、荧光灯以及闪烁的彩色光源造成的污染。防治光辐射污染是这次修订新增加的内容。

电磁辐射，《电磁辐射环境保护管理办法》将其定义为以电磁波形式通过空间传播的能量流，且限于非电离辐射，包括信息传递中的电磁波发射，工业、科学、医疗应用中的电磁辐射，高压送变电中产生的电磁辐射。

相关案例索引

傅某某与余姚市人民政府卫生行政处罚纠纷上诉案（浙江省宁波市中级人民法院［2012］浙甬行终字第 146 号）

本案要点

余姚市人民政府具有根据余姚市卫生局的提请，作出被诉关闭石棉制品加工项目行政处罚决定的法定职权。傅某某用于生产、加工石棉制品的多数机器设备未安装吸尘罩、风机、除尘装置，且提供并确保作业工人穿防护服。经责令限期整改后，没有在指定期限内按照整改要求完成整改。余姚市人民政府认定傅某某提供的职业病防护设施和个人使用的职业病防护用品不符合国家职业卫生标准和卫生要求，作出行政处罚决定正确。

● **相关规定**

本法 63、69；《刑法》第 338 条；《最高人民法院、最高人民检察院关于办理环境污染刑事案件适用法律若干问题的解释》

> **第四十三条　【排污费和环境保护税】**排放污染物的企业事业单位和其他生产经营者，应当按照国家有关规定缴纳排污费。排污费应当全部专项用于环境污染防治，任何单位和个人不得截留、挤占或者挪作他用。
>
> 依照法律规定征收环境保护税的，不再征收排污费。

条文注释

以填埋方式处置危险废物不符合国务院环境保护行政主管部门规定的，应当缴纳危险废物排污费。危险废物排污费用于污染环境的防治，不得挪作他用。

国家实行按照向大气排放污染物的种类和数量征收排污费的制度，

根据加强大气污染防治的要求和国家的经济、技术条件合理制定排污费的征收标准。征收的排污费一律上缴财政，按照国务院的规定用于大气污染防治，不得挪作他用，并由审计机关依法实施审计监督。

直接向水体排放污染物的企业事业单位和个体工商户，应当按照排放水污染物的种类、数量和排污费征收标准缴纳排污费。排污费应当用于污染的防治，不得挪作他用。

● **相关规定**

《海洋环境保护法》10、11；《水污染防治法》第21条

第四十四条　【重点污染物排放总量控制】国家实行重点污染物排放总量控制制度。重点污染物排放总量控制指标由国务院下达，省、自治区、直辖市人民政府分解落实。企业事业单位在执行国家和地方污染物排放标准的同时，应当遵守分解落实到本单位的重点污染物排放总量控制指标。

对超过国家重点污染物排放总量控制指标或者未完成国家确定的环境质量目标的地区，省级以上人民政府环境保护主管部门应当暂停审批其新增重点污染物排放总量的建设项目环境影响评价文件。

案例 13

因施工造成的环境损害，施工单位应当承担相应的民事责任（吉林省高级人民法院［2017］吉民再第13号）

2000年3月3日，姜某友（乙方）与敦化市大石头镇回族村（甲方）签订协议书，主要约定：甲方将回族村自留山的林木全部卖给姜某友。2011年6月16日，凯丰路桥（乙方）与中铁九局（甲方）签订土方合同一份，合同第七条第六项约定："乙方与第三人签订的租赁、买卖等其他合同，与甲方无关。乙方在施工过程中发生的合同债务、侵权行为一律由乙方履行和承担责任……"2011年6月，凯丰路桥经办人员邱某硕经与姜某友协商（没有书面协议），在姜某友承包的山场施工，时间三个月左右，因补偿费用产生纠纷，姜某友提起诉讼。2011年7月1日，凯丰路桥交给敦化市大石头镇回族村300000元，该村出具收条

"今收到邱某硕山皮沙预付款300000元正（整）叁拾万元正（整）"。凯丰路桥没有取土资质。一审法院判决：（一）凯丰路桥给付姜某友被毁林木补偿款498240.99元；（二）驳回姜某友的其他诉讼请求。

姜某友、凯丰路桥不服一审判决，提起上诉。

二审法院认为，针对姜某友承包林地被毁问题，凯丰路桥自认有5000平方米系其所为，故应对该5000平方米被毁林地承担相应的赔偿责任，即130543.86元。其余3820平方米林地的林木，姜某友提供的森林公安分局的现场勘查材料并不能体现被毁林地的实际面积，鉴定机构所认定的面积也是根据其指认，没有得到凯丰路桥的确认，故姜某友主张依据前述证据计算被毁林地面积依据不足，不予支持。关于建筑垃圾清除问题。凯丰路桥承认在姜某友承包土地范围内倾倒了建筑垃圾，主张已征得姜某友同意，但该公司在庭审中并没有提供相关的证据加以证实，故姜某友主张由凯丰路桥恢复原状，应予支持。凯丰路桥应当在合理期限内将该沼泽地范围内的建筑垃圾清除，若不能清除，应当向姜某友支付相应的清除费用，由其自行清除。具体的清除费用，在一审期间姜某友已申请司法鉴定，虽鉴定机构延边林业科学研究院不具备此方面的鉴定资质，但因目前并没有具备专业鉴定资质的鉴定机构，结合建筑垃圾清运的实际，本案宜可参照该鉴定结论确认涉案建筑垃圾的清运费用。没有证据证明凯丰路桥与中铁九局共同实施侵权行为，姜某友要求中铁九局承担连带责任，不予支持。姜某友在一审审理期间已明确放弃向邱某硕和中铁九局集团有限公司吉图珲客专 JSH－Ⅳ 项目部五工区主张权利，二审再行主张不予支持，但其支出的送达费用均为本案诉讼发生，一审法院以其放弃向二者主张权利，而相关费用又是因为向邱某硕送达发生即将该部分诉讼费用扣除，略有不当，应予纠正。二审法院判决：（一）维持一审判决第二项；（二）撤销一审判决第一项；（三）凯丰路桥赔偿姜某友林木损失折价款130543.86元；（四）凯丰路桥于判决发生法律效力后四十五日内将倾倒在姜某友承包土地（35 林班 2 小班）范围内的建筑垃圾清运完毕；若未在指定期限内清运完毕，则应向姜某友支付建筑垃圾清运费491300元，由姜某友自行清运。

再审认为，凯丰路桥将施工产生的弃土倾倒在涉案沼泽地内，属违法填埋湿地、改变湿地用途的行为，应当承担恢复原状的民事责任。在法律、地方性法规对于破坏湿地行为的法律责任有明确规定的情况下，人民法院应当判令行为人履行该恢复原状的行为，而不应判令以支付金钱的方式替代履行，否则将使法律规范的立法目的落空。另外，姜某友系破坏该湿地的行为人之一，二审法院判决凯丰路桥在未履行恢复原状义务的情况下向姜某友支付相应的清运费用，亦可能产生该湿地未被恢复原状，行为人却因违法行为获利的不适当效果。就此，二审法院适用法律错误，本院予以纠正。凯丰路桥、姜某友对于本案的发生均具有过错，由此所生争议，双方可另寻法律途径解决。

案例 14

没有证据证明污染造成损害的，排污者不承担民事责任（湖南省常德市中级人民法院〔2013〕常民一终字第59号）

2008年9月，富达养殖业合作社经与临澧县柏枝乡雨台村村民委员会、雨台村雷家湾村民小组、郝家垭村民小组协商，租赁雷家湾村民小组、郝家垭村民小组的土地兴建了一个年出栏4000头的牲猪养殖场。2009年1月，富达养殖业合作社在该养殖场开始进行牲猪养殖。张某国居住在离富达养殖业合作社养猪场（围墙）100米处。自富达养殖业合作社养殖牲猪以来，养猪场散发出较大的牲猪粪便臭味，对张某国的生活造成了一定的影响。养猪场所产生的粪水排放到郝家垭水库，导致该水库的水质下降。张某国为此提起诉讼，请求人民法院判令富达养殖业合作社将张某国房屋迁移到避污害宜生息之处，并赔偿人身损失8000元。

另查明，郝家垭水库于2009年7月22日由柏枝乡雨台村村民委员会租赁给富达养殖业合作社，租赁期限为18年，张某国及附近村民的责任田地也租赁给富达养殖业合作社，其中水田的租赁期限为10年，旱地的租赁期限为30年。

再查明，富达养殖业合作社所建的养猪场至今未通过"环境影响评价"。

一审法院认为，富达养殖业合作社虽然实施了污染环境的行为，但并未给张某国造成人身及财产损失，故张某国要求富达养殖业合作社赔偿人身和财产损失的诉讼请求本院不予支持。张某国要求富达养殖业合作社将张某国房屋迁移至避污害宜生息之处的诉讼请求，其实质是要求富达养殖业合作社排除危害，排除危害最根本的方式是治理污染，并非被动地将受害人居住房屋搬迁。《环境保护法》规定，"造成环境污染危害的，有责任排除危害，并对直接受到损害的单位和个人赔偿损失"，故富达养殖业合作社应在合理期限内完善治理污染措施。据此判决：一、被告临澧县富达养殖业农民专业合作社于本判决生效后三个月内通过"环境影响评价"，并按环境影响报告书的规定完善防治措施；二、驳回原告张某国的其他诉讼请求。

张某国不服原审判决，向法院提出上诉，请求撤销原判，依法支持上诉人一审的诉讼请求。

二审法院认为，本案的争议焦点为：一、富达养殖业合作社在生产过程中是否对周围环境造成了污染；二、富达养殖业合作社在本案中是否应当承担相应的民事赔偿责任。

关于争议焦点一：富达养殖业合作社在养殖过程中，将产生的粪便、废水等，未按规定进行处理和利用，而是直接排放至水库中，势必会对周边的地下水、空气造成一定程度的污染。富达养殖业合作社在一审、二审期间均未提交证据证实其排放的污染物已达到国家规定的排放标准，应认定富达养殖业合作社的排污行为不符合国家规定的标准，虽富达养殖业合作社现正在就排污问题，积极进行改扩建工程建设，但尚未完工，也未通过环境部门的检测，应认定富达养殖业合作社在生产过程中存在污染周围环境的行为。

关于争议焦点二：富达养殖业合作社在生产过程中，虽存在污染环境的行为，但张某国在一审、二审期间，均未能提交充足的证据证实富达养殖业合作社的行为给其造成的具体损害金额。污染环境致人损害的民事责任的构成要件为：（1）存在污染环境的行为；（2）污染环境的行为造成了他人的损害；（3）污染环境的行为与损害事实之间要有因果关系。本案中，富达养殖业合作社在排污过程中，虽对周围环境有一定程度的污染，但养殖场与张某国家之间有一定的距离，富达养殖业合作社的排污地并未与张某国家连在一起，现张某国未提交充足的证据证明富达养殖业合作社的生产行为给其造成了损害，也没有提交证据证明其因富达养殖业合作社的生产行为遭受了实际损失。应认定张某国的上诉请求不能成立，不予支持。

判决：一、撤销湖南省临澧县人民法院（2012）临民一初字第517号民事判决；二、驳回原审原告张某国的诉讼请求。

本判决为终审判决。

● **相关规定**

《水污染防治法》第20条；《大气污染防治法》第21条

> **第四十五条　【排污许可管理制度】**国家依照法律规定实行排污许可管理制度。
>
> 实行排污许可管理的企业事业单位和其他生产经营者应当按照排污许可证的要求排放污染物；未取得排污许可证的，不得排放污染物。

条文注释

排污许可是主管机关根据企事业单位和其他生产经营者的申请，经依法审查，允许其按照许可证载明的种类、浓度、数量等要求排放污染物的管理制度。

《水污染防治法》规定，国家实行排污许可制度，直接或者间接向水体排放工业废水和医疗污水以及其他按照规定应当取得排污许可证方可排放的废水、污水的企事业单位，应当取得排污许可。

《大气污染防治法》规定，排放工业废气或者本法第七十八条规定名录中所列有毒有害大气污染物的企业事业单位、集中供热设施的燃煤热源生产运营单位以及其他依法实行排污许可管理的单位，应当取得排污许可证。排污许可的具体办法和实施步骤由国务院规定。

● **相关规定**

《水污染防治法》第21条；《大气污染防治法》第19条

> **第四十六条**　**【淘汰制度与禁止引进制度】**国家对严重污染环境的工艺、设备和产品实行淘汰制度。任何单位和个人不得生产、销售或者转移、使用严重污染环境的工艺、设备和产品。
>
> 禁止引进不符合我国环境保护规定的技术、设备、材料和产品。

条文注释

对严重污染环境的工艺、设备和产品实行淘汰制度，其核心内容是推动企业提高管理水平、生产工艺、技术和设备水平，提高能源和资源的利用率，从根本上解决工业污染问题。其实施是通过国家有关部门公布限期禁止采用的严重污染环境的工艺名录和禁止生产、销售、进口、使用严重污染环境的设备名录来实现的。《循环经济促进法》规定，国务院循环经济发展综合管理部门会同国务院环境保护等有关主管部门，定期发布鼓励、限制和淘汰的技术、工艺、设备、材料和产品名录。禁止生产、进口、销售列入淘汰名录的设备、材料和产品，禁止使用列入淘汰名录的技术、工艺、设备和材料。

引进技术和设备的禁止性规定主要是为了防止国外污染源的转嫁，即防止国外、境外的一些厂商，将污染严重的设备、技术工艺或者有毒有害废弃物，转移给境内没有污染防治能力的单位和个人进行生产、加工、经营或者处理，造成环境污染。防止污染转嫁的目的是从根本上杜绝污染转移的行为，其行为构成的要件是引进的设备、技术、材料、产品和工艺因对环境的污染危害严重而为法律所禁止。

● **相关规定**

《水污染防治法》46、47、48；《海洋环境保护法》第13条；《固体废物污染环境防治法》第28条；《水法》第51条；《电力法》第14条；《节约能源法》7、16、17；《环境噪声污染防治法》第18条；《清洁生产促进法》11、12；《循环经济促进法》第18条

第四十七条 **【突发环境事件】**各级人民政府及其有关部门和企业事业单位，应当依照《中华人民共和国突发事件应对法》的规定，做好突发环境事件的风险控制、应急准备、应急处置和事后恢复等工作。

县级以上人民政府应当建立环境污染公共监测预警机制，组织制定预警方案；环境受到污染，可能影响公众健康和环境安全时，依法及时公布预警信息，启动应急措施。

企业事业单位应当按照国家有关规定制定突发环境事件应急预案，报环境保护主管部门和有关部门备案。在发生或者可能发生突发环境事件时，企业事业单位应当立即采取措施处理，及时通报可能受到危害的单位和居民，并向环境保护主管部门和有关部门报告。

突发环境事件应急处置工作结束后，有关人民政府应当立即组织评估事件造成的环境影响和损失，并及时将评估结果向社会公布。

条文注释

按照突发事件严重性和紧急程度，突发环境事件分为特别重大环境事件（Ⅰ级）、重大环境事件（Ⅱ级）、较大环境事件（Ⅲ级）和一般环境事件（Ⅳ级）。

1. 监测制度。国家建立健全突发事件监测制度。县级以上人民政府及其有关部门应当根据自然灾害、事故灾难和公共卫生事件的种类和特点，建立健全基础信息数据库，完善监测网络，划分监测区域，确定监测点，明确监测项目，提供必要的设备、设施，配备专职或者兼职人员，对可能发生的突发事件进行监测。

2. 预警机制。县级以上地方各级人民政府应当及时汇总分析突发事件隐患和预警信息，必要时组织相关部门、专业技术人员、专家学者进行会商，对发生突发事件的可能性及其可能造成的影响进行评估；认为可能发生重大或者特别重大突发事件的，应当立即向上级人民政府报告，并向上级人民政府有关部门、当地驻军和可能受到危害的毗邻或者相关地区的人民政府通报。

3. 应急预案。国家建立健全突发事件应急预案体系。国务院制定国家突发事件总体应急预案，组织制订国家突发事件专项应急预案；国务院有关部门根据各自的职责和国务院相关应急预案，制订国家突发事件部门应急预案。地方各级人民政府和县级以上地方各级人民政府有关部门根据有关法律、法规、规章、上级人民政府及其有关部门的应急预案以及本地区的实际情况，制订相应的突发事件应急预案。应急预案制订机关应当根据实际需要和情势变化，适时修订应急预案。应急预案的制订、修订程序由国务院规定。

4. 损害评估。突发环境事件污染损害评估工作包括制订工作方案、现场勘查与监测、访谈调查、损害确认、损害量化、编制评估报告等基本工作程序。污染损害评估范围包括人身损害、财产损害、环境损害、应急处置费用、调查评估费用，以及其他应当纳入评估范围内的损害。应急处置阶段应当对突发环境事件造成的人身损害和经济损失进行评估，经济损失评估范围包括财产损害、应急处置费用、调查评估费用以及应急处置阶段可以确定的其他损害。突发环境事件污染损害评估所依据的环境监测报告及其他书证、物证、视听资料、当事人陈述、鉴定意见、调查笔录、调查表等有关材料应当符合相关规定。评估结果作出后要及时向社会公布。

案例 15

发生突发环境事件时，涉事企业有责任采取措施进行处置（四川省高级人民法院 [2008] 川行终字第 265 号）

2006 年 5 月 11 日，承运人白银银冠集团在未办理《剧毒化学品公路运输许可证》的情况下，将货物甲苯二异氰酸酯（剧毒化学品）84 桶共计 21 吨，以每吨 330 元的运输价格，交与甘肃省临洮县人张某民、吕某忠、岳某和三人（已依法追究刑事责任），用张某民的甘 A27×××东风大货车装载，从甘肃省凤兰县运往四川省成都市。同年 5 月 14 日晚 11 时 30 分，途经九寨沟县双河乡甘沟村 S205 线 7km＋100m 处时，因岳某和疲劳驾驶及该车严重超载，致使大货车翻于汤珠河中，部分甲苯二异氰酸酯泄漏河中。5 月 15 日凌晨 6 时许，张某民安排将桶上的

"危险品"字样及"骷髅"图案刮掉，谎称掉入河中的货物为"机油""沥青"，请当地村民打捞，造成打捞和围观的村民40人中毒。并由此造成了重大经济损失和环境污染。

事故发生后，四川、甘肃两省人民政府高度重视，九寨沟县政府按照突发事件应急救援预案规定组织、动员各方力量进行救助和事件处置，为防止污染扩大，积极组织打捞和对中毒人员进行医治。甘肃银光聚银化工有限公司（甲苯二异氰酸酯剧毒化学品的生产公司）启动了突发事件应急救援预案，为此次事故处理提供了大量帮助。5月17日，白银银冠集团（甲苯二异氰酸酯剧毒化学品的承运公司）向九寨沟县财政国库支付中心转入30万元"5·14"运输危险化学品翻车事故应急救援款给九寨沟县政府安全生产办公室，用于处理该事故。事故处理完后，九寨沟县人民法院作出（2006）九刑初字第37号刑事判决，对张某民、吕某忠、岳某和三人分别以非法运输危险物质罪判处有期徒刑十年，白银银冠集团被该判决认定为"5·14"运输甲苯二异氰酸酯危险化学品翻车事故的货主。

2007年5月8日，白银银冠集团向九寨沟县政府发出《催要通知》，要求九寨沟县政府归还其公司提供的30万元"5·14"运输危险化学品翻车事故应急救援款。同年7月2日，九寨沟县政府作出复函，主要内容是：2006年"5·14"事件发生后，我县紧急启动应急预案，调动各种力量对事件进行了处置，你公司积极配合，有效地阻止了事件后果的进一步扩大。据查，翻入汤珠河内甲苯二异氰酸酯的物主系你公司，对"5·14"事件造成的一系列巨大损失，你公司负有不可推卸的责任。"5·14"事件发生后，你公司提供的事故处置款已全数用于"5·14"事件应急处置开支。白银银冠集团起诉要求九寨沟县政府向其退还30万元。

一审法院认为，"5·14"事件是甲苯二异氰酸酯剧毒化学品承运公司白银银冠集团在未办理《剧毒化学品公路运输许可证》的情况下，将其交给没有危险化学品运输资质的第三者运输，因第三者严重超载及疲劳驾驶而发生的。该事件致使部分甲苯二异氰酸酯泄漏造成环境污染和打捞围观的村民40人中毒，其行为违反了国务院发布的《危险化学品安全管理条例》第三十五条、第三十七条、第三十九条、第四十三条、第四十四条的规定。白银银冠集团作为甲苯二异氰酸酯剧毒化学品的承运公司，向九寨沟县政府安全生产办公室转入30万元，作为"5·14"运输危险化学品翻车事故应急救援款，用于处理"5·14"翻车事故。根据《环境保护法》《危险化学品安全管理条例》第五十六条条、第七十条和《四川省突发公共事件总体应急预案》第四条第（二）项、第七条第（二）项的规定，白银银冠集团有责任对"5·14"事件进行处置和应急救援。事故发生后，九寨沟县政府紧急启动应急预案，调动各方力量对事件进行了处置，是其应当履行的职责。

原告白银银冠集团无证据证明被告九寨沟县政府在"5·14"事件处置过程中有乱摊派和强行要求他人履行义务行为，原告以其提供的《催要通知的复函》就能证明被告有乱摊派和强行要求他人履行义务行为的理由不能成立。九寨沟县政府将白银银冠集团提供的"5·14"事件应急救援款30万元用于"5·14"事件应急救援处置的行为并无不当。

综上所述，经该院审判委员会讨论决定，依照《中华人民共和国行政诉讼法》的规定，判决驳回白银银冠集团的诉讼请求。

白银银冠集团不服提起上诉。

二审维持原判。

相关案例索引

重庆市九龙坡松芝金属加工厂与重庆恒富表面处理有限公司房屋租赁合同纠纷上诉案（重庆市第一中级人民法院［2017］渝01民终第5893号）

本案要点

按照房屋租赁的上述一般交易习惯进行理解，厂房租赁是指由出租人出租房屋，而承租人支付相应租金，一般并不要求出租人提供本应由承租人办理的相应资质。因此，松芝金属加工厂认为恒富表面处理公司应提供环境影响报告书、排污许可证、突发环境事件风险评估报告及突发环境事件应急预案等在内的相关资质证明，并无合同依据，亦不符合一般交易习惯。

● 相关规定

《突发事件应对法》；《水污染防治法》第76条；《大气污染防治法》第94条；《固体废物污染环境防治法》第63条；《放射性污染防治法》26、33

第四十八条　【化学物品和含有放射性物质物品的管理】生产、储存、运输、销售、使用、处置化学物品和含有放射性物质的物品，应当遵守国家有关规定，防止污染环境。

条文注释

重大环境污染事故罪。我国《刑法》第三百三十八条规定，违反国家规定，排放、倾倒或者处置有放射性的废物、含传染病病原体的废物，有毒物质或者其他有害物质，严重污染环境的，处三年以下有期徒刑或者拘役，并处或单处罚金；后果特别严重的，处三年以上七年以下有期徒刑，并处罚金。

第四十九条　【农业、农村环境污染防治】各级人民政府及其农业等有关部门和机构应当指导农业生产经营者科学种植和养殖，科学合理施用农药、化肥等农业投入品，科学处置农用薄膜、农作物秸秆等农业废弃物，防止农业面源污染。

禁止将不符合农用标准和环境保护标准的固体废物、废水施入农田。施用农药、化肥等农业投入品及进行灌溉，应当采取措施，防止重金属和其他有毒有害物质污染环境。

畜禽养殖场、养殖小区、定点屠宰企业等的选址、建设和管理应当符合有关法律法规规定。从事畜禽养殖和屠宰的单位和个人应当采取措施，对畜禽粪便、尸体和污水等废弃物进行科学处置，防止污染环境。

县级人民政府负责组织农村生活废弃物的处置工作。

县级以上地方人民政府农业主管部门和其他有关部门，应当采取措施，指导农业生产者科学、合理地施用化肥和农药，控制化肥和农药的过量使用，防止造成水污染。向农田灌溉渠道排放工业废水和城镇污水，应当保证其下游最近的灌溉取水点的水质符合农田灌溉水质标准。利用工业废水和城镇污水进行灌溉，应当防止污染土壤、地下水和农产品。

国家鼓励科研、生产单位研究、生产易回收利用、易处置或者在环境中可降解的薄膜覆盖物和商品包装物。使用农用薄膜的单位和个人，应当采取回收利用等措施，防止或者减少农用薄膜对环境的污染。

畜禽养殖场、养殖小区应当根据养殖规模和污染防治需要，建设相应的畜禽粪便、污水与雨水分流设施，畜禽粪便、污水的贮存设施，粪污厌氧消化和堆沤、有机肥加工、制取沼气、沼渣沼液分离和输送、污水处理、畜禽尸体处理等综合利用和无害化处理设施。已经委托他人对畜禽养殖废弃物代为综合利用和无害化处理的，可以不自行建设综合利用和无害化处理设施。未建设污染防治配套设施、自行建设的配套设施不合格，或者未委托他人对畜禽养殖废弃物进行综合利用和无害化处理的，畜禽养殖场、养殖小区不得投入生产或者使用。

农村生活垃圾污染环境防治的具体办法，由地方性法规规定。

● **相关规定**

《水污染防治法》52～58；《固体废物污染环境防治法》第49条；《畜禽规模养殖污染防治条例》11、22

第五十条 **【农村环境污染防治资金支持】**各级人民政府应当在财政预算中安排资金，支持农村饮用水水源地保护、生活污水和其他废弃物处理、畜禽养殖和屠宰污染防治、土壤污染防治和农村工矿污染治理等环境保护工作。

第五十一条　【统筹城乡建设环境卫生设施和环境保护公共设施】各级人民政府应当统筹城乡建设污水处理设施及配套管网，固体废物的收集、运输和处置等环境卫生设施，危险废物集中处置设施、场所以及其他环境保护公共设施，并保障其正常运行。

条文注释

城镇污水应集中处理。县级以上地方人民政府应当通过财政预算和其他渠道筹集资金，统筹安排建设城镇污水集中处理设施及配套管网，提高本行政区域城镇污水的收集率和处理率。

国务院环境保护行政主管部门会同国务院经济综合宏观调控部门组织编制危险废物集中处置设施、场所的建设规划，报国务院批准后实施。县级以上地方人民政府应当依据危险废物集中处置设施、场所的建设规划组织建设危险废物集中处置设施、场所。

● **相关规定**

《水污染防治法》第44条；《固体废物污染环境防治》第38条

第五十二条　【环境责任险】国家鼓励投保环境污染责任保险。

条文注释

所谓责任保险，也称为第三者责任险，根据《保险法》第六十五条第四款的规定，责任保险是指以被保险人对第三者依法应负的赔偿责任为保险标的的保险。责任保险根据投保人是否为自愿，可以分为自愿投保的责任保险和强制投保的责任保险。责任保险一般为自愿投保，但如果法律、行政法规强制性规定从事某种行为的人必须投保责任保险，则为强制责任保险。

● **相关规定**

《保险法》第11条；《海洋环境保护法》第66条

第五章　信息公开和公众参与

第五十三条　【公众参与】公民、法人和其他组织依法享有获取环境信息、参与和监督环境保护的权利。

各级人民政府环境保护主管部门和其他负有环境保护监督管理职责的部门，应当依法公开环境信息、完善公众参与程序，为公民、法人和其他组织参与和监督环境保护提供便利。

条文注释

为了落实公众参与机制，增强制度可执行性，本次《环境保护法》修改主要从三个方面作了具体规定：一是规定了环境相关权利，为公众参与机制奠定法理基础，公众参与不只是行政机关保障行政决策科学、民主的内部程序，还是公众的一项法定权利。二是明确事前、事中参与机制，依法应当编制环境影响报告书的建设项目，建设单位应当在编制时向可能受影响的公众说明情况，充分征求意见。三是疏通事后参与机制，公众可以对环境违法行为进行举报，有关社会组织可以依法提起环境公益诉讼。可见，如果把公众参与作为改善环境质量、遏制环境污染的新武器，明确环境相关权利为其提供了法理基础和权利源泉，将大大提高公众参与机制的法律地位和实际作用。

第五十四条　【政府环境信息公开】国务院环境保护主管部门统一发布国家环境质量、重点污染源监测信息及其他重大环境信息。省级以上人民政府环境保护主管部门定期发布环境状况公报。

县级以上人民政府环境保护主管部门和其他负有环境保护监督管理职责的部门，应当依法公开环境质量、环境监测、突发环境事件以及环境行政许可、行政处罚、排污费的征收和使用情况等信息。

县级以上地方人民政府环境保护主管部门和其他负有环境保护监督管理职责的部门，应当将企业事业单位和其他生产经营者的环境违法信息记入社会诚信档案，及时向社会公布违法者名单。

1. 环境信息公开的主体。政府信息是指行政机关在履行职责过程中制作或者获取的，以一定形式记录、保存的信息。在环境保护领域中，环境保护主管部门对环境保护工作实施统一监督管理，县级有关部门和军队环境保护部门依照有关法律的规定对资源保护和污染防治等环境保护工作实施监督管理。因此，本条规定环境信息公开的主体除国务院环境保护主管部门县级以上人民政府环境保护主管部门外，还包括县级以上地方人民政府其他负有环境保护监督管理职责的部门。

2. 环境信息公开的内容。2014年修改大大扩大了主动公开的环境信息范围，不仅包括环境保护主管部门的环境信息，还包括其他负有环境保护监督管理职责部门的环境信息；不仅包括宏观层面的国家环境质量信息、环境状况公报，也包括中观的重点污染源监测信息、环境监测信息、排污费的征收和使用情况，还有微观的环境行政许可、行政处罚、突发环境事件；不仅要公开环境行政处罚信息，还要向社会公布违法者名单；不仅要将环境信息向社会公布，还要将环境违法信息记入社会诚信档案，通过社会诚信档案向社会公开。

3. 环境信息公开的方式

本条规定了环境信息的主动公开方式。按照《政府信息公开条例》的规定，政府信息公开包括主动公开和依申请公开两类。主动公开，是由行政机关将纳入主动公开范围的政府信息，通过政府公报、政府网站、新闻发布会以及报刊、广播、电视等便于公众知晓的方式公开。考虑到目前环境形势的严峻形势，环境信息涉及广大群众的切身利益，因此本条重点对环境信息主动公开作了规定，对行政机关提出明确且较为严格的要求。

● **相关规定**

《政府信息公开条例》

第五十五条 【企业环境信息公开】重点排污单位应当如实向社会公开其主要污染物的名称、排放方式、排放浓度和总量、超标排放情况，以及防治污染设施的建设和运行情况，接受社会监督。

1. 企业环境信息公开的主体。本条明确了重点排污单位是企业环境信息公开的实施主体。也就是说，所有重点排污单位都应当依法主动公开本企业的相关环境信息，这是法定义务，必须履行。其他排污企业的环境信息公开可以按照《企业事业单位环境信息公开办法》的规定执行。《企业事业单位环境信息公开办法》规定，国家鼓励企业事业单位自愿公开有利于保护生态、防止污染、履行社会环境责任的相关信息。

2. 企业环境信息的内容。企业环境信息涉及企业在环保方面的各方面信息，范围较宽，如企业环境保护方针、年度环境保护目标，年度资源消耗总量、环保投资、环境技术开发情况、排放污染物情况、环保设施的建设运行情况、企业在生产过程中产生的废物的处理情况、废弃产品的回收综合利用情况、企业履行社会责任情况等。本条明确企业环境信息公开必须要向社会公开主要污染物的名称、排放方式、排放浓度和总量、超标排放情况，以及防治污染设施的建设和运行情况。这些信息都有如实公开的要求，不得造假或者篡改。除此之外，企业也可以同时公布其他企业环境信息。

第五十六条　【公众参与建设项目环境影响评价】 对依法应当编制环境影响报告书的建设项目，建设单位应当在编制时向可能受影响的公众说明情况，充分征求意见。

负责审批建设项目环境影响评价文件的部门在收到建设项目环境影响报告书后，除涉及国家秘密和商业秘密的事项外，应当全文公开；发现建设项目未充分征求公众意见的，应当责成建设单位征求公众意见。

第五十七条　【举报】 公民、法人和其他组织发现任何单位和个人有污染环境和破坏生态行为的，有权向环境保护主管部门或者其他负有环境保护监督管理职责的部门举报。

公民、法人和其他组织发现地方各级人民政府、县级以上人民政府环境保护主管部门和其他负有环境保护监督管理职责的部门不依法履行职责的，有权向其上级机关或者监察机关举报。

接受举报的机关应当对举报人的相关信息予以保密，保护举报人的合法权益。

条文注释

事后举报的本质是公众就环境保护中的现象和行为发表意见、表达诉求，属于公众参与的范畴，也是社会监督的重要形式。一是明确了公众举报权利。举报主体是没有限制的，任何公民都可以举报环境违法行为。举报不一定要求内容完全客观、准确，但也不能滥用，更不得捏造或者诬告。有关行政机关应当依法保护公众的举报权利，建立举报的具体制度，方便公众举报。二是举报可以对企业违法行为，也可以对行政乱作为、不作为提出。对于企业违法排污行为，可以向环境保护主管部门和其他负有环境保护职责的部门举报。对于政府、环境保护主管部门和其他负有环境保护职责的部门在环境保护工作中的违法行政行为或者不作为，可以向上级机关或者监察机关举报。三是增加了对举报人的保护机制，加大对举报人的保护。建立举报人保护机制是完善举报制度的重要方面，只有举报人的相关信息不泄露，得到很好的保密，才能让举报人没有后顾之忧，防止被举报人对举报人打击报复。

● 相关规定

《水污染防治法》第80条；《固体废物污染环境防治法》第67条

第五十八条 【环境公益诉讼】对污染环境、破坏生态，损害社会公共利益的行为，符合下列条件的社会组织可以向人民法院提起诉讼：

（一）依法在设区的市级以上人民政府民政部门登记；

（二）专门从事环境保护公益活动连续五年以上且无违法记录。

符合前款规定的社会组织向人民法院提起诉讼，人民法院应当依法受理。

提起诉讼的社会组织不得通过诉讼牟取经济利益。

条文注释

2012年《民事诉讼法》修订时增加了公益诉讼制度。该法第五十五条第1款规定："对污染环境、侵害众多消费者合法权益等损害社会公共利益的行为，法律规定的机关和有关组织可以向人民法院提起诉讼。"

在设区的市级以上人民政府民政部门登记的社会组织，包括自治州、盟、地区（如西藏的阿里地区），以及不设区的地级市，如广东的东莞等。

符合本条规定的社会组织可以提出停止侵害、排除妨碍、消除危险的诉讼请求。"停止侵害"就是要求停止侵权行为；"排除妨碍"，如某环保组织起诉，要求某企业移走长期堆放在公共场所的建筑垃圾；"消除危险"，如某企业准备进行某种排污行为，环保组织可以向法院申请禁止其从事该行为。另外，还可以提出恢复原状的诉讼请求。根据环境损害行为的特点，主要要求损害者承担治理污染和修复生态的责任，如果损害者不治理、修复或者没有能力治理、修复的，按照《民事诉讼法》第二百五十二条的规定，法院可以委托有关单位代为履行，费用由损害者承担。还可以单独或附带提出赔礼道歉的诉讼请求。在我国目前情况下，提起诉讼的社会组织在没有授权的情况下，不能代理公民、法人或者其他组织等不特定的受害人提出损害赔偿的诉讼请求。

本条规定的"污染环境、破坏生态，损害社会公共利益的行为"不一定完全是企业事业单位或者其他生产经营者的行为，国家行政机关的乱作为导致污染环境、破坏生态的，符合本条规定条件的社会公益性组织也可以对其提起诉讼。

● **相关规定**

《民事诉讼法》第 55 条;《消费者权益保护法》第 47 条;《行政强制法》50~52;《侵权责任法》65~68

第六章 法 律 责 任

第五十九条 【按日计罚】企业事业单位和其他生产经营者违法排放污染物,受到罚款处罚,被责令改正,拒不改正的,依法作出处罚决定的行政机关可以自责令改正之日的次日起,按照原处罚数额按日连续处罚。

前款规定的罚款处罚,依照有关法律法规按照防治污染设施的运行成本、违法行为造成的直接损失或者违法所得等因素确定的规定执行。

地方性法规可以根据环境保护的实际需要,增加第一款规定的按日连续处罚的违法行为的种类。

条文注释

按日计罚适用于企业事业单位和其他生产经营者违法排放污染物,受到罚款处罚,被责令改正拒不改正的情形。首先,企业事业单位和其他生产经营者应当存在违法排放污染物的行为,包括超标超总量排污,未批先建排污,未取得排污许可证排污,通过暗管、渗井等逃避监管的方式排污等。其次,执法部门应当先依照有关法律法规的规定责令企业改正。最后,企业需有拒不改正的情形。

依法作出处罚决定的行政机关可以自责令改正之日的次日起按日连续处罚。

● **相关规定**

本法第 60 条;《大气污染防治法》第七章;《水污染防治法》83、94

第六十条 【超标超总量的法律责任】企业事业单位和其他生产经营者超过污染物排放标准或者超过重点污染物排放总量控制指标排放污染物的，县级以上人民政府环境保护主管部门可以责令其采取限制生产、停产整治等措施；情节严重的，报经有批准权的人民政府批准，责令停业、关闭。

条文注释

排放水污染物超过国家或者地方规定的水污染物排放标准，或者超过重点水污染物排放总量控制指标的，由县级以上人民政府环境保护主管部门按照权限责令限期治理，处应缴纳排污费数额二倍以上五倍以下的罚款。限期治理期间，由环境保护主管部门责令限制生产、限制排放或者停产整治。限期治理的期限最长不超过一年；逾期未完成治理任务的，报经有批准权的人民政府批准，责令关闭。

向大气排放污染物超过国家和地方规定排放标准的，应当限期治理，并由所在地县级以上地方人民政府环境保护行政主管部门处一万元以上十万元以下罚款。限期治理的决定权限和违反限期治理要求的行政处罚由国务院规定。

对于在噪声敏感建筑物集中区域内造成严重环境噪声污染的企业事业单位，限期治理。被限期治理的单位必须按期完成治理任务。限期治理由县级以上人民政府按照国务院规定的权限决定。对小型企业事业单位的限期治理，可以由县级以上人民政府在国务院规定的权限内授权其环境保护行政主管部门决定。

对超过污染物排放标准的，或者在规定的期限内未完成污染物排放消减任务的，或者造成海洋环境严重污染损害的，应当限期治理。

案例 16

被申请人对申请人实施处罚性关闭不当，可以提起行政复议（《行政复议典型案例选编》，2011 年 12 月版）

申请人某建材公司对被申请人某县人民政府作出的责令关闭决定不服，向行政复议机关申请行政复议。

申请人认为，被申请人以申请人环保不达标，且逾期未完成环保限期治理任务为由作出关闭决定，不符合客观事实。被申请人对申请人作出关闭决定的真实原因是工业结构调整以及发展布局规划变化，其应当属于政策性关闭。

　　被申请人认为，经行政执法检查并经调查查实，申请人环保不达标，且逾期未能完成环保限期治理任务。根据《环境保护法》的规定，被申请人对申请人作出关闭决定，符合法律的规定。

　　行政复议机关经审理查明，申请人是依法经批准的页岩空心砖生产企业。基于保护生态环境的初衷，某市出台了《市墙体材料工业结构高速和发展布局规划（2010）》，要求逐步淘汰落后产能。据此，被申请人决定关闭一批制砖企业。鉴于政策性原因关闭会产生较高补偿费用，被申请人决定将环保行政执法作为突破口，并以环保不达标、未完成限期治理任务为由对申请人作出关闭决定。

　　行政复议机关认为，被申请人基于淘汰落后产能的政策性原因需要关闭申请人，但是为逃避高额的补偿费用，选择采取以行政处罚方式实施关闭，该行政行为明显不当。并且，被申请人对申请人实施处罚性关闭，将责任推向申请人，致使申请人得不到经济补偿，将给申请人造成严重的经济损失，并对申请人的职工权益造成伤害，极易引发群体性事件。因此，行政复议机关决定采取行政调解的方式，快速化解这起纠纷。经组织调解，被申请人认识到了其行政行为的不当性，同意自行纠错，并与申请人达成和解，承诺在依法对申请人实施补偿后再予以关闭。据此，申请人主动向行政复议机关递交了撤回行政复议申请，行政复议机关则依法终止了该行政复议。

案例17

噪声污染超过国家规定应承担相应的法律责任（《行政复议典型案例选编》，2011年12月版）

　　某面粉加工厂建于1988年。2010年9月，该县环保部门接到群众投诉申请人噪声粉尘污染影响周围居民生活。执法人员到该企业进行了调查，并下达环境违法行为限期改正通知书，责令申请人建设配套防治污染设施。整改期间，经检测申请人厂界噪声超过标准。被申请人根据《环境噪声污染防治法》第五十二条第二款的规定作出《某县人民政府关于对某面粉加工厂实行关停决定》。申请人对该处罚决定不服，向行政复议机关申请行政复议。

申请人某面粉加工厂认为，被申请人某县人民政府认定申请人在生产经营中造成粉尘和噪声污染，但没有告知申请人违法的具体事实，其对申请人作出的处罚决定违反了《行政处罚法》第三十一条的规定。申请人在《环境噪声污染防治法》实施前已经从事生产经营，按照环保部门的要求建设了相应的配套防治污染设施，并且还将进一步整改，直至达到环保的要求，而且申请人不是在居民区内开办的持续产生污染的企业，被申请人对申请人作出关停决定不适当，处罚畸重。

被申请人认为，申请人的生产厂房位于城市居民区内，对周围环境造成了噪声及粉尘污染。在限期整改期间，申请人只对粉尘污染采取了简单防护措施，其噪声污染仍超过国家规定，该事实有某县监测站监测分析报告单和市环境监测中心站监测报告等证据予以证实。根据《环境噪声污染防治法》和《某省环境保护条例》的规定，对申请人作出关停决定是合法的。行政复议机关认为，申请人存在违法事实，被申请人依法有权对其实施行政管理措施。但是被申请人作出的关停决定处罚过重，不符合行政法基本原则，并且在作出处罚决定前没有告知申请人申请听证的权利，程序违法，依法应当予以撤销。

相关案例索引

邵某某与余姚市人民政府卫生行政处罚纠纷上诉案（浙江省宁波市中级人民法院［2012］浙甬行终字第 143 号）

本案要点

石棉既是列入《高毒物品目录》的物品，又是《建设项目职业病危害分类管理办法》第三条规定的"可能产生严重职业病危害的因素"的物品，陆洲材料厂从事的石棉制品加工项目属于可能产生严重职业病危害的项目。经责令整改后，陆洲材料厂从事的石棉制品加工项目仍不符合国家相关法律、法规的要求。余姚市人民政府依法关闭邵某某经营的陆洲材料厂石棉制品加工项目决定的行政行为是合法的。

第六十一条 【未批先建的法律责任】建设单位未依法提交建设项目环境影响评价文件或者环境影响评价文件未经批准，擅自开工建设的，由负有环境保护监督管理职责的部门责令停止建设，处以罚款，并可以责令恢复原状。

条文注释

根据《环境影响评价法》第三十一条的规定，建设单位未依法报批建设项目环境影响评价文件，擅自开工建设的，由有权审批该项目环境影响评价文件的环境保护行政主管部门责令停止建设，限期补办手续；逾期不补的，可以处五万元以上二十万元以下的罚款；建设项目环境影响评价文件未经批准，建设单位擅自开工建设的，由有权审批该项目环境影响评价文件的环境保护行政主管部门责令停止建设，可以处五万元以上二十万元以下的罚款。这次修订，堵住了现有规定中"限期补办"的漏洞，直接规定对于未批先建的，责令停止建设，处以罚款，并可以责令恢复原状。未批先建的违法项目，不能再通过补办手续的方式"补票"，可以直接处以罚款。《环境影响评价法》的规定与本条规定不一致的，适用本法。

执法主体是有环境保护监督管理职责的部门。这里不限于环境保护部门，还包括其他有环境影响评价文件审批权的部门，如海洋环境保护部门；也不限于审批环境影响评价文件的部门，有可能是审批环境影响评价文件部门的上级部门，或者是受原审批环境影响评价文件部门委托的部门。

● **相关规定**

本法第 19 条；《环境影响评价法》第 31 条

第六十二条 【不依法公开环境信息的法律责任】违反本法规定，重点排污单位不公开或者不如实公开环境信息的，由县级以上地方人民政府环境保护主管部门责令公开，处以罚款，并予以公告。

● **相关规定**

本法第 55 条

第六十三条 【行政处罚】企业事业单位和其他生产经营者有下列行为之一,尚不构成犯罪的,除依照有关法律法规规定予以处罚外,由县级以上人民政府环境保护主管部门或者其他有关部门将案件移送公安机关,对其直接负责的主管人员和其他直接责任人员,处十日以上十五日以下拘留;情节较轻的,处五日以上十日以下拘留:

(一)建设项目未依法进行环境影响评价,被责令停止建设,拒不执行的;

(二)违反法律规定,未取得排污许可证排放污染物,被责令停止排污,拒不执行的;

(三)通过暗管、渗井、渗坑、灌注或者篡改、伪造监测数据,或者不正常运行防治污染设施等逃避监管的方式违法排放污染物的;

(四)生产、使用国家明令禁止生产、使用的农药,被责令改正,拒不改正的。

● **相关规定**

本法 19、42、45、49、61

第六十四条 【民事责任】因污染环境和破坏生态造成损害的,应当依照《中华人民共和国侵权责任法》的有关规定承担侵权责任。

条文注释

因污染环境造成损害的,污染者应当承担侵权责任。因污染环境发生纠纷,污染者应当就法律规定的不承担责任或者减轻责任的情形及其行为与损害之间不存在因果关系承担举证责任。两个以上污染者污染环境,污染者承担责任的大小,根据污染物的种类、排放量等因素确定。因第三人的过错污染环境造成损害的,被侵权人可以向污染者请求赔偿,也可以向第三人请求赔偿。污染者赔偿后,有权向第三人追偿。

《侵权责任法》第三章、第八章；《海洋环境保护法》第 92 条；《水污染防治法》96、97、98；《大气污染防治法》第 110 条；《关于民事诉讼证据的若干规定》第 4 条

> **第六十五条　【连带责任】**环境影响评价机构、环境监测机构以及从事环境监测设备和防治污染设施维护、运营的机构，在有关环境服务活动中弄虚作假，对造成的环境污染和生态破坏负有责任的，除依照有关法律法规规定予以处罚外，还应当与造成环境污染和生态破坏的其他责任者承担连带责任。

条文注释

根据《侵权责任法》的规定，法律规定承担连带责任的，被侵权人有权请求部分或者全部连带责任人承担责任。连带责任人根据各自责任大小确定相应的赔偿数额；难以确定责任大小的，平均承担赔偿责任。支付超出自己赔偿数额的连带责任人，有权向其他连带责任人追偿。

就本条而言，如果环境影响评价机构接受委托后，与委托人恶意串通，在环境影响评价活动中弄虚作假，致使评价结果严重失实，或者环境影响评价机构虽未与委托人恶意串通，但为了保住自己的市场地位，明知委托人提供的材料虚假，却故意作出有利于委托人的评价，致使评价结果严重失实。无论是前一种有共同故意的行为，还是后一种无共同故意的分别行为，委托人在环境影响评价文件获得审批后，其经营行为造成了环境污染或者生态破坏，除依照有关法律规定对委托人和环评机构予以处罚外，环评机构还应当与委托人对给第三人造成的损害承担连带责任。

无论受委托的公立监测机构还是社会检测机构，如果与委托人恶意串通，在环境监测活动中弄虚作假，故意隐瞒委托人超过污染物排放标准或者超过重点污染物排放总量控制指标的事实，出具虚假的监测数据，在委托人的排污行为造成了环境污染或者生态破坏以后，除依照有关法律规定对委托人和受托人予以处罚外，受托人还应当与委托人对给

第三人造成的损害承担连带责任。

现实经济生活中，有些企业将自己的污染监测设备委托给监测设备的生产商、代理商等机构维护、调试，而由自己的人员实施监测。从性质上讲，这种行为仍属于自行监测，而不属于委托监测。但是如果受托人在监测设备的维护、调试过程中，与委托人恶意串通，致使监测结果严重失实，给他人造成污染损失的情况下，除依照有关法律规定予以处罚外，还应当与委托人对给第三人造成的损害承担连带责任。

● **相关规定**

《侵权责任法》8、11、13、14；《最高人民法院关于审理人身损害赔偿案件适用法律若干问题的解释》第 3 条

第六十六条　【诉讼时效】提起环境损害赔偿诉讼的时效期间为三年，从当事人知道或者应当知道其受到损害时起计算。

条文注释

诉讼时效是权利人请求人民法院保护其民事权利而提起诉讼的法定期间。权利人超过诉讼时效期间内向人民法院请求保护其民事权利，就丧失了胜诉权，即实体意义上的诉权。

诉讼时效分为一般诉讼时效和特殊诉讼时效。一般诉讼时效又称为普通诉讼时效，按照《民法通则》的规定，向人民法院请求保护民事权利的诉讼时效期间为二年，从知道或者应当知道权利被侵害时起计算。特殊诉讼时效，是指普通诉讼时效二年以外的诉讼时效期间。本条规定的"提起环境损害赔偿诉讼的时效期间为三年，从当事人知道或者应当知道受到损害时起计算"，即属于特殊的诉讼时效。

案例 18

村民受到污水损害，可以从知道或者应当知道其受到损害时起三年内提起环境损害赔偿诉讼（河南省平顶山市中级人民法院 [2011] 平民终字第 118 号）

自 2003 年 6 月起，聂某等 149 户辛庄村村民因本村井水达不到饮用

水的标准，而到附近村庄取水。聂某等人以平顶山天安煤业股份有限公司五矿（以下简称五矿）、平顶山天安煤业股份有限公司六矿（以下简称六矿）、中平能化医疗集团总医院（以下简称总医院）排放的污水将地下水污染，造成井水不能饮用为由提起诉讼，请求判令三被告赔偿异地取水的误工损失等共计212.4万元。

河南省平顶山市新华区人民法院一审认为，三被告排放生产、生活污水污染了辛庄村井水，导致聂某等149户村民无法饮用而到别处取水，对此产生的误工损失，三被告应承担民事责任，判决三被告共同承担赔偿责任。双方不服上诉至平顶山市中级人民法院。

二审庭审中，鉴定人员出庭接受质询，证明即便三被告排放的是达标污水，也肯定会含有一定的污染因子，五矿、六矿职工及家属排放的生活污水与五矿、六矿排放的生产污水只能按主次责任划分。二审法院依据鉴定报告及专家意见，结合二审查明的生产污水与生活污水对损害发生所起的主次作用以及五矿、六矿职工及其家属所排生活污水约占致损生活污水总排量的60%等事实，认定三被告对因其排放生产污水造成的本案误工损失共同承担40%的赔偿责任；五矿、六矿就其职工及家属排放生活污水造成的其余60%误工损失共同承担六成的赔偿责任。

关于聂某等149户村民的起诉是否超过诉讼时效问题。《环境保护法》第四十二条①规定，因环境污染损害赔偿提起诉讼的时效期间为三年，自当事人知道或者应当知道受到污染损害时起计算。本案聂某等149户村民居住的辛庄村地下水被污染一直在持续，且聂某等149户村民知道本村地下水被污染后多次到政府、新闻媒体等有关部门反映，政府也组织相关单位多次进行协调处理，因此，聂某等149户村民于2007年11月29日向一审法院提起诉讼并未超过诉讼时效。

二审法院于2011年7月作出判决，判令五矿、六矿、总医院因排放生产污水共同赔偿聂某等人误工费17.65万元，五矿、六矿因其职工及其家属排放生活污水共同赔偿聂某等人误工费15.89万元。

---

① 对应2014年新修订《环境保护法》第六十六条。

相关案例索引

刘某等诉内蒙古集通铁路（集团）有限责任公司环境污染责任纠纷案（呼和浩特铁路运输法院［2017］内7102民初第30号）

本案要点

被告自其铁路通车运营以来，铁路运输一直处于持续状态中，其间被告未能就其铁路停运提供证据加以证明，因此，起算诉讼时效的时间起点可以为产生噪声污染的任何时间，并不是原告离开其住所时开始计算。

● **相关规定**

《民法通则》188、192、193

> **第六十七条　【内部监督】** 上级人民政府及其环境保护主管部门应当加强对下级人民政府及其有关部门环境保护工作的监督。发现有关工作人员有违法行为，依法应当给予处分的，应当向其任免机关或者监察机关提出处分建议。
>
> 依法应当给予行政处罚，而有关环境保护主管部门不给予行政处罚的，上级人民政府环境保护主管部门可以直接作出行政处罚的决定。

● **相关规定**

《宪法》第89条；《地方各级人民代表大会和地方各级人民政府组织法》59、66；《水污染防治法》第20条

> **第六十八条　【行政处分】** 地方各级人民政府、县级以上人民政府环境保护主管部门和其他负有环境保护监督管理职责的部门有下列行为之一的，对直接负责的主管人员和其他直接责任人员给予记过、记大过或者降级处分；造成严重后果的，给予撤职或者开除处分，其主要负责人应当引咎辞职：
>
> （一）不符合行政许可条件准予行政许可的；
>
> （二）对环境违法行为进行包庇的；
>
> （三）依法应当作出责令停业、关闭的决定而未作出的；

（四）对超标排放污染物、采用逃避监管的方式排放污染物、造成环境事故以及不落实生态保护措施造成生态破坏等行为，发现或者接到举报未及时查处的；

（五）违反本法规定，查封、扣押企业事业单位和其他生产经营者的设施、设备的；

（六）篡改、伪造或者指使篡改、伪造监测数据的；

（七）应当依法公开环境信息而未公开的；

（八）将征收的排污费截留、挤占或者挪作他用的；

（九）法律法规规定的其他违法行为。

● *相关规定*

本法 25、42、43、53、54、60

第六十九条　【刑事责任】违反本法规定，构成犯罪的，依法追究刑事责任。

条文注释

1. 污染环境罪

《刑法》第三百三十八条规定："违反国家规定，排放、倾倒或者处置有放射性的废物、含传染病病原体的废物、有毒物质或者其他有害物质，严重污染环境的，处三年以下有期徒刑或者拘役，并处或者单处罚金；后果特别严重的，处三年以上七年以下有期徒刑，并处罚金。"

根据《最高人民法院、最高人民检察院关于办理环境污染刑事案件适用法律若干问题的解释》的规定，实施《刑法》第三百三十八条规定的行为，具有下列情形之一的，应当认定为"严重污染环境"：（一）在饮用水水源一级保护区、自然保护区核心区排放、倾倒、处置有放射性的废物、含传染病病原体的废物、有毒物质的；（二）非法排放、倾倒、处置危险废物三吨以上的；（三）非法排放含重金属、持久性有机污染物等严重危害环境、损害人体健康的污染物超过国家污染物排放标准或者省、自治区、直辖市人民政府根据法律授权制定的污染物排放标准三倍以上的；（四）私设暗管或者利用渗井、渗坑、裂隙、溶洞等排放、倾倒、处置有放射性的废物、含传染病病原体的废物、有毒物质的；（五）两年内曾因违反国家规定，排放、倾倒、处置有放射性的废物、含传染病病原体的废物、有毒物质受过两次以上行政处罚，又实施前列行为的；（六）致使乡镇以上集中式饮用水水源取水中断十二小时以上的；（七）致使基本农田、防护林地、特种用途林地五亩以上，其他农用地十亩以上，其他土地二十亩以上基本功能丧失或者遭受永久性破坏的；（八）致使森林或者其他林木死亡五十立方米以上，或者幼树死亡二千五百株以上的；（九）致使公私财产损失三十万元以上的；（十）致使疏散、转移群众五千人以上的；（十一）致使三十人以上中毒的；（十二）致使三人以上轻伤、轻度残疾或者器官组织损伤导致一般功能障碍的；（十三）致使一人以上重伤、中度残疾或者器官组织损伤导致严重功能障碍的；（十四）其他严重污染环境的情形。实施《刑法》第三百三十八条规定的行为，具有下列情形之一的，应当认定为"后果特别严重"：（一）致使县级以上城区集中式饮用水水源取水中断十二个小时以上的；（二）致使基本农田、防护林地、特种用途林地十五亩以上，其他农用地三十亩以上，其他土地六十亩以上基本功能丧失或者遭受永久性破坏的；（三）致使森林或者其他林木死亡一百五十立方米以上，或者幼树死亡七千五百株以上的；（四）致使公私财产损失一百万元以上的；（五）致使疏散、转移群众一万五千人以上的；（六）致使一百人以上中毒的；（七）致使十人以上轻伤、轻度残疾或者器官组织损伤导致一般功能障碍的；（八）致使三人以上重伤、中度残疾或者器官组织损伤导致严重功能障碍的；（九）致使一人以上重伤、中度残疾或者器官组织损伤导致严重功能障碍，并致使五人以上轻伤、轻度残疾或者器官组织损伤导致一般功能障碍的；（十）致使一人以上死亡或者重度残疾的；（十一）其他后果特别严重的情形。

下列物质应当认定为"有毒物质"：（一）危险废物，包括列入国家危险废物名录的废物，以及根据国家规定的危险废物鉴别标准和鉴别方法认定的具有危险特性的废物；（二）剧毒化学品、列入重点环境管理危险化学品名录的化学品，以及含有上述化学品的物质；（三）含有铅、汞、镉、铬等重金属的物质；（四）《关于持久性有机污染物的斯德哥尔摩公约》附件所列物质；（五）其他具有毒性，可能污染环境的物质。

2. 非法处置进口的固体废物罪

《刑法》第三百三十九条规定："违反国家规定，将境外的固体废物进境倾倒、堆放、处置的，处五年以下有期徒刑或者拘役，并处罚金；造成重大环境污染事故，致使公私财产遭受重大损失或者严重危害人体健康的，处五年以上十年以下有期徒刑，并处罚金；后果特别严重的，处十年以上有期徒刑，并处罚金。未经国务院有关主管部门许可，擅自进口固体废物用作原料，造成重大环境污染事故，致使公私财产遭受重大损失或者严重危害人体健康的，处五年以下有期徒刑或者拘役，并处罚金；后果特别严重的，处五年以上十年以下有期徒刑，并处罚金。以原料利用为名，进口不能用作原料的固体废物、液态废物和气态废物的，依照本法第一百五十二条第二款、第三款的规定定罪处罚。"

本法及《固体废物污染环境防治法》对从境外进口固体废物都有规定，如果违反这些规定，同时又符合《刑法》第三百三十九条的规定，则构成非法处置进口的固体废物罪。

案例 19

违反国家规定，排放废物，严重污染环境的，应承担刑事责任（山东省费县人民法院［2017］鲁 1325 刑初第 474 号）

2016 年 7 月，被告人刘某某在不具备电镀加工资质的情况下，在费县费城街道办事处左家王庄村租赁厂房私自开设电镀加工点，雇用他人用电镀槽液为辊子镀铬。其间，被告人刘某某在明知电镀废水直接排入地下会对环境造成污染的情况下，未采取任何防渗措施，将未经处理的电镀槽液（属于《国家危险废物名录》中的危险废物）直接排入渗坑内。上述加工点于 2016 年 7 月 14 日被费县环境保护局行政执法人员查获。经检测，被告人刘某某排放的电镀槽液中重金属铬的含量已超过山东省污染物排放标准的 3 倍以上。

2016 年 9 月 22 日，被告人刘某某主动到费县公安局投案。

另查明，费县公安局于 2016 年 9 月 26 日依法追缴被告人刘某某非法所得 10000 元。

上述事实，被告人刘某某在开庭审理过程中无异议，且有户籍证明、费县环境保护局案件移送函、追缴决定书、抓获经过等书证；证人王某 2、王某 1、侯某等人的证言；被告人刘某某的供述；现场勘查笔录、现场照片；山东科泰环境监测有限公司 NOKT（2016）检 071803 号检测报告等证据证实，事实清楚，证据确实充分，足以认定。

本院认为，被告人刘某某违反国家规定，向渗坑排放有毒有害物质，严重污染环境，其行为已构成污染环境罪，依法应追究其刑事责任。山东省费县人民检察院指控的犯罪事实及罪名成立，本院予以确认。案发后，被告人刘某某自动投案，如实供述自己的罪行，构成自首，可以从轻处罚。据此，依照《环境保护法》第四十二条第一款、第六十九条，《中华人民共和国水污染防治法》第三十五条、第九十条，《中华人民共和国刑法》第三百三十八条、第四十五条、第五十二条、第六十四条、第六十七条第一款、第七十二条第一款和第三款、第七十三条第二款和第三款之规定，判决如下：

一、被告人刘某某犯污染环境罪，判处有期徒刑六个月，缓刑一年，并处罚金人民币一万元。

二、费县公安局已追缴的被告人刘某某非法所得一万元，上缴国库。

案例 20

紫金矿业集团股份有限公司紫金山金铜矿重大环境污染事故案（最高人民法院 2013 年公布四起环境污染犯罪典型案例）

自 2006 年 10 月以来，被告单位紫金矿业集团股份有限公司紫金山金铜矿（以下简称紫金山金铜矿）所属的铜矿湿法厂清污分流涵洞存在严重的渗漏问题，虽采取了有关措施，但随着生产规模的扩大，该涵洞渗漏问题日益严重。紫金山金铜矿于 2008 年 3 月在未进行调研认证的情况下，违反规定擅自将 6 号观测井与排洪涵洞打通。在 2009 年 9 月福建省环保厅明确指出问题并要求彻底整改后，仍然没有引起足够重视，整改措施不到位、不彻底，隐患仍然存在。2010 年 6 月中下旬，上杭县降水量达 349.7 毫米。2010 年 7 月 3 日，紫金山金铜矿所属铜矿湿法厂污水池 HDPE 防渗膜破裂造成含铜酸性废水渗漏并流入 6 号观测井，再经 6 号观测井通过人为擅自打通的与排洪涵洞相连的通道进入排洪涵洞，并溢出涵洞内挡水墙后流入汀江，泄漏含铜酸性废水 9176m³，造成下游水体污染和养殖鱼类大量死亡的重大环境污染事故，上杭县城区部分自来水厂停止供水 1 天。2010 年 7 月 16 日，用于抢险的 3 号应急中转污水池又发生泄漏，泄漏含铜酸性废水 500m³，再次对汀江水质造成污染。致使汀江河局部水域受到铜、锌、铁、镉、铅、砷等的污染，造成养殖鱼类死亡达 370.1 万斤，经鉴定鱼类损失价值人民币 2220.6 万元；同时，为了网箱养殖鱼类的安全，当地政府部门采取破网措施，放生鱼类 3084.44 万斤。

福建省龙岩市新罗区人民法院一审判决、龙岩市中级人民法院二审裁定认为，被告单位紫金山金铜矿违反国家规定，未采取有效措施解决存在的环保隐患，继而发生了危险废物泄漏至汀江，致使汀江河水域水质受到污染，后果特别严重。被告人陈某洪（2006 年 9 月至 2009 年 12 月任紫金山金铜矿矿长）、黄某才（紫金山金铜矿环保安全处处长）是应对该事故直接负责的主管人员，被告人林某贤（紫金山铜矿湿法厂厂长）、王某（紫金山铜矿湿法厂分管环保的副厂长）、刘某源（紫金山铜矿湿法厂环保车间主任）是该事故的直接责任人员，对该事故均负有直接责任，其行为均已构成重大环境污染事故罪。据此，综合考虑被告单位自首、积极赔偿受害渔民损失等情节，以重大环境污染事故罪判处被告单位紫金山金铜矿罚金人民币 3000 万元；被告人林某贤有期徒刑三年，并处罚金人民币 30 万元；被告人王某有期徒刑三年，并处罚金人民币 30 万元；被告人刘某源有期徒刑三年零六个月，并处罚金人民币 30 万元。对被告人陈某洪、黄某才宣告缓刑。

案例 21

云南澄江锦业工贸有限责任公司重大环境污染事故案（最高人民法院 2013 年公布四起环境污染犯罪典型案例）

2005 年至 2008 年，云南澄江锦业工贸有限责任公司（以下简称锦业公司）在生产经营过程中，长期将含砷生产废水通过明沟、暗管直接排放到厂区最低凹处没有经过防渗处理的天然水池内，并抽取该池内的含砷废水进行洗矿作业；将含砷固体废物磷石膏倾倒于厂区外未采取防渗漏、防流失措施的堆场露天堆放；雨季降水量大时直接将天然水池内的含砷废水抽排至厂外东北侧邻近阳宗海的磷石膏渣场放任自流。致使含砷废水通过地表径流和渗透随地下水进入阳宗海，造成阳宗海水体受砷污染，水质从Ⅱ类下降到劣V类，饮用、水产品养殖等功能丧失，县级以上城镇水源地取水中断，公私财产遭受百万元以上损失的特别严重后果。

云南省澄江县人民法院一审判决、玉溪市中级人民法院二审裁定认为，被告单位锦业公司未建设完善配套环保设施，经多次行政处罚仍未整改，致使生产区内外环境中大量富含砷的生产废水通过地下渗透随地下水以及地表径流进入阳宗海，导致该重要湖泊被砷污染，构成重大环境污染事故罪，且应当认定为"后果特别严重"。被告人李某宏作为锦业公司的董事长，被告人李某鸿作为锦业公司的总经理（负责公司的全面工作），二人未按规范要求采取防渗措施，最终导致阳宗海被砷污染的危害后果，应当作为单位犯罪的主管人员承担相应刑事责任。被告人金某东作为锦业公司生产部部长，具体负责安全生产、环境保护和生产调度等工作，安排他人抽排含砷废水到厂区外，应作为单位犯罪的直接责任人承担相应刑事责任。案发后，锦业公司及被告人积极配合相关部门截污治污，可对其酌情从轻处罚。据此，以重大环境污染事故罪判处被告单位云南澄江锦业工贸有限责任公司罚金人民币1600万元；被告人李某宏有期徒刑四年，并处罚金人民币30万元；被告人李某鸿有期徒刑三年，并处罚金人民币15万元；被告人金某东有期徒刑三年，并处罚金人民币15万元。

案例22

重庆云光化工有限公司等污染环境案（最高人民法院2013年公布四起环境污染犯罪典型案例）

重庆长凤化学工业有限公司（以下简称长凤公司）委托被告重庆云光化工有限公司（以下简称云光公司）处置其生产过程中产生的危险废

物（次级苯系物有机产品）。之后，被告人蒋某川（云光公司法定代表人）将危险废物处置工作交由公司员工被告人夏某负责。夏某在未审查被告人张某宾是否具备危险废物处置能力的情况下，将长风公司委托处置的危险废物直接转交给张某宾处置。张某宾随后与被告人胡某辉和周某取得联系并经实地察看，决定将危险废物运往四川省兴文县共乐镇境内的黄水沱倾倒。2011 年 6 月 12 日，张某宾联系一辆罐车在长风公司装载 28 吨多工业废水，准备运往兴文县共乐镇境内的黄水沱倾倒。后因车辆太大而道路窄小，不能驶入黄水沱，周某、胡某辉、张某宾等人临时决定将工业废水倾倒在大坳口公路边的荒坡处，致使当地环境受到严重污染。2011 年 6 月 14 日，张某宾在长风公司装载三车铁桶装半固体状危险废物约 75 余吨，倾倒在黄水沱振兴硫铁矿的荒坡处，致使当地环境受到严重污染，并对当地居民的身体健康和企业的生产作业产生影响。经鉴定，黄水沱和大坳口两处危险废物的处置费、现场清理费、运输费等为 918315 元。

四川省兴文县人民法院认为，被告重庆云光化工有限公司作为专业的化工危险废物处置企业，违反国家关于化工危险废物的处置规定，将工业污泥和工业废水交给不具有化工危险废物处置资质的被告人张某宾处置，导致环境严重污染，构成污染环境罪。被告人张某宾违反国家规定，向土地倾倒危险废物，造成环境严重污染，且后果严重，构成污染环境罪。被告人周某、胡某辉帮助被告人张某宾实施上述行为，构成污染环境罪。被告人张某宾投案自首，依法可以从轻或者减轻处罚。据此，以污染环境罪分别判处被告重庆云光化工有限公司罚金 50 万元；被告人夏某有期徒刑二年，并处罚金 2 万元；张某宾有期徒刑一年零六个月，并处罚金 2 万元。对蒋某川、周某、胡某辉宣告缓刑。判决宣告后，被告单位、各被告人均未上诉，检察机关亦未抗诉。

案例 23

胡某标、丁某生投放危险物质案（最高人民法院 2013 年公布四起环境污染犯罪典型案例）

盐城市标新化工有限公司（以下简称标新化工公司）系环保部门规

定的"废水不外排"企业。被告人胡某标系标新化工公司法定代表人，曾因犯虚开增值税专用发票罪于 2005 年 6 月 27 日被盐城市盐都区人民法院判处有期徒刑二年，缓刑三年。被告人丁某生系标新化工公司生产负责人。2007 年 11 月底至 2009 年 2 月 16 日，被告人胡某标、丁某生在明知该公司生产过程中所产生的废水含有苯、酚类有毒物质的情况下，仍将大量废水排放至该公司北侧的五支河内，任其流经蟒蛇河污染盐城市区城西、越河自来水厂取水口，致盐城市区 20 多万居民饮用水停水长达 66 小时 40 分钟，造成直接经济损失人民币 543.21 万元。

盐城市盐都区人民法院一审判决、盐城市中级人民法院二审裁定认为，胡某标、丁某生明知其公司在生产过程中所产生的废水含有毒害性物质，仍然直接或间接地向其公司周边的河道大量排放，放任危害不特定多数人的生命、健康和公私财产安全结果的发生，使公私财产遭受重大损失，构成投放危险物质罪，且属共同犯罪。胡某标在共同犯罪中起主要作用，是主犯；丁某生在共同犯罪中起次要作用，是从犯。胡某标系在缓刑考验期限内犯新罪，依法应当撤销缓刑，予以数罪并罚。据此，撤销对被告人胡某标的缓刑宣告；被告人胡某标犯投放危险物质罪，判处有期徒刑十年，与其前罪所判处的刑罚并罚，决定执行有期徒刑十一年；被告人丁某生犯投放危险物质罪，判处有期徒刑六年。

● **相关规定**

《刑法》第六章第六节；《最高人民法院、最高人民检察院关于办理环境污染刑事案件适用法律若干问题的解释》

第七章 附 则

第七十条 【实施日期】本法自 2015 年 1 月 1 日起施行。

附录 1

中华人民共和国大气污染防治法

（1987 年 9 月 5 日第六届全国人民代表大会常务委员会第二十二次会议通过 根据 1995 年 8 月 29 日第八届全国人民代表大会常务委员会第十五次会议《关于修改〈中华人民共和国大气污染防治法〉的决定》第一次修正 2000 年 4 月 29 日第九届全国人民代表大会常务委员会第十五次会议第一次修订 2015 年 8 月 29 日第十二届全国人民代表大会常务委员会第十六次会议第二次修订 根据 2018 年 10 月 26 日第十三届全国人民代表大会常务委员会第六次会议《关于修改〈中华人民共和国野生动物保护法〉等十五部法律的决定》第二次修正）

第一章 总 则

第一条 为保护和改善环境，防治大气污染，保障公众健康，推进生态文明建设，促进经济社会可持续发展，制定本法。

第二条 防治大气污染，应当以改善大气环境质量为目标，坚持源头治理，规划先行，转变经济发展方式，优化产业结构和布局，调整能源结构。

防治大气污染，应当加强对燃煤、工业、机动车船、扬尘、农业等大气污染的综合防治，推行区域大气污染联合防治，对颗粒物、二氧化硫、氮氧化物、挥发性有机物、氨等大气污染物和温室气体实施协同控制。

第三条 县级以上人民政府应当将大气污染防治工作纳入国民经济和社会发展规划，加大对大气污染防治的财政投入。

地方各级人民政府应当对本行政区域的大气环境质量负责，制定规划，采取措施，控制或者逐步削减大气污染物的排放量，使大气环境质量达到规定标准并逐步改善。

第四条 国务院生态环境主管部门会同国务院有关部门，按照国务院的规定，对省、自治区、直辖市大气环境质量改善目标、大气污染防治重点任务完成情况进行考核。省、自治区、直辖市人民政府制定考核办法，对本行政区域内地方大气环境质量改善目标、大气污染防治重点任务完成情况实施考核。考核结果应当向社会公开。

第五条　县级以上人民政府生态环境主管部门对大气污染防治实施统一监督管理。

县级以上人民政府其他有关部门在各自职责范围内对大气污染防治实施监督管理。

第六条　国家鼓励和支持大气污染防治科学技术研究，开展对大气污染来源及其变化趋势的分析，推广先进适用的大气污染防治技术和装备，促进科技成果转化，发挥科学技术在大气污染防治中的支撑作用。

第七条　企业事业单位和其他生产经营者应当采取有效措施，防止、减少大气污染，对所造成的损害依法承担责任。

公民应当增强大气环境保护意识，采取低碳、节俭的生活方式，自觉履行大气环境保护义务。

第二章　大气污染防治标准
和限期达标规划

第八条　国务院生态环境主管部门或者省、自治区、直辖市人民政府制定大气环境质量标准，应当以保障公众健康和保护生态环境为宗旨，与经济社会发展相适应，做到科学合理。

第九条　国务院生态环境主管部门或者省、自治区、直辖市人民政府制定大气污染物排放标准，应当以大气环境质量标准和国家经济、技术条件为依据。

第十条　制定大气环境质量标准、大气污染物排放标准，应当组织专家进行审查和论证，并征求有关部门、行业协会、企业事业单位和公众等方面的意见。

第十一条　省级以上人民政府生态环境主管部门应当在其网站上公布大气环境质量标准、大气污染物排放标准，供公众免费查阅、下载。

第十二条　大气环境质量标准、大气污染物排放标准的执行情况应当定期进行评估，根据评估结果对标准适时进行修订。

第十三条　制定燃煤、石油焦、生物质燃料、涂料等含挥发性有机物的产品、烟花爆竹以及锅炉等产品的质量标准，应当明确大气环境保护要求。

制定燃油质量标准，应当符合国家大气污染物控制要求，并与国家机动车船、非道路移动机械大气污染物排放标准相互衔接，同步实施。

前款所称非道路移动机械，是指装配有发动机的移动机械和可运输工业设备。

第十四条 未达到国家大气环境质量标准城市的人民政府应当及时编制大气环境质量限期达标规划，采取措施，按照国务院或者省级人民政府规定的期限达到大气环境质量标准。

编制城市大气环境质量限期达标规划，应当征求有关行业协会、企业事业单位、专家和公众等方面的意见。

第十五条 城市大气环境质量限期达标规划应当向社会公开。直辖市和设区的市的大气环境质量限期达标规划应当报国务院生态环境主管部门备案。

第十六条 城市人民政府每年在向本级人民代表大会或者其常务委员会报告环境状况和环境保护目标完成情况时，应当报告大气环境质量限期达标规划执行情况，并向社会公开。

第十七条 城市大气环境质量限期达标规划应当根据大气污染防治的要求和经济、技术条件适时进行评估、修订。

第三章　大气污染防治的监督管理

第十八条 企业事业单位和其他生产经营者建设对大气环境有影响的项目，应当依法进行环境影响评价、公开环境影响评价文件；向大气排放污染物的，应当符合大气污染物排放标准，遵守重点大气污染物排放总量控制要求。

第十九条 排放工业废气或者本法第七十八条规定名录中所列有毒有害大气污染物的企业事业单位、集中供热设施的燃煤热源生产运营单位以及其他依法实行排污许可管理的单位，应当取得排污许可证。排污许可的具体办法和实施步骤由国务院规定。

第二十条 企业事业单位和其他生产经营者向大气排放污染物的，应当依照法律法规和国务院生态环境主管部门的规定设置大气污染物排放口。

禁止通过偷排、篡改或者伪造监测数据、以逃避现场检查为目的的临时停产、非紧急情况下开启应急排放通道、不正常运行大气污染防治设施等逃避监管的方式排放大气污染物。

第二十一条　国家对重点大气污染物排放实行总量控制。

重点大气污染物排放总量控制目标，由国务院生态环境主管部门在征求国务院有关部门和各省、自治区、直辖市人民政府意见后，会同国务院经济综合主管部门报国务院批准并下达实施。

省、自治区、直辖市人民政府应当按照国务院下达的总量控制目标，控制或者削减本行政区域的重点大气污染物排放总量。

确定总量控制目标和分解总量控制指标的具体办法，由国务院生态环境主管部门会同国务院有关部门规定。省、自治区、直辖市人民政府可以根据本行政区域大气污染防治的需要，对国家重点大气污染物之外的其他大气污染物排放实行总量控制。

国家逐步推行重点大气污染物排污权交易。

第二十二条　对超过国家重点大气污染物排放总量控制指标或者未完成国家下达的大气环境质量改善目标的地区，省级以上人民政府生态环境主管部门应当会同有关部门约谈该地区人民政府的主要负责人，并暂停审批该地区新增重点大气污染物排放总量的建设项目环境影响评价文件。约谈情况应当向社会公开。

第二十三条　国务院生态环境主管部门负责制定大气环境质量和大气污染源的监测和评价规范，组织建设与管理全国大气环境质量和大气污染源监测网，组织开展大气环境质量和大气污染源监测，统一发布全国大气环境质量状况信息。

县级以上地方人民政府生态环境主管部门负责组织建设与管理本行政区域大气环境质量和大气污染源监测网，开展大气环境质量和大气污染源监测，统一发布本行政区域大气环境质量状况信息。

第二十四条　企业事业单位和其他生产经营者应当按照国家有关规定和监测规范，对其排放的工业废气和本法第七十八条规定名录中所列有毒有害大气污染物进行监测，并保存原始监测记录。其中，重点排污单位应当安装、使用大气污染物排放自动监测设备，与生态环境主管部门的监控设备联网，保证监测设备正常运行并依法公开排放信息。监测的具体办法和重点排污单位的条件由国务院生态环境主管部门规定。

重点排污单位名录由设区的市级以上地方人民政府生态环境主管部门按照国务院生态环境主管部门的规定，根据本行政区域的大气环境承载力、重点大气污染物排放总量控制指标的要求以及排污单位排放大气污染物的种类、数量和浓度等因素，商有关部门确定，并向社会公布。

第二十五条　重点排污单位应当对自动监测数据的真实性和准确性负责。生态环境主管部门发现重点排污单位的大气污染物排放自动监测设备传输数据异常，应当及时进行调查。

第二十六条　禁止侵占、损毁或者擅自移动、改变大气环境质量监测设施和大气污染物排放自动监测设备。

第二十七条　国家对严重污染大气环境的工艺、设备和产品实行淘汰制度。

国务院经济综合主管部门会同国务院有关部门确定严重污染大气环境的工艺、设备和产品淘汰期限，并纳入国家综合性产业政策目录。

生产者、进口者、销售者或者使用者应当在规定期限内停止生产、进口、销售或者使用列入前款规定目录中的设备和产品。工艺的采用者应当在规定期限内停止采用列入前款规定目录中的工艺。

被淘汰的设备和产品，不得转让给他人使用。

第二十八条　国务院生态环境主管部门会同有关部门，建立和完善大气污染损害评估制度。

第二十九条　生态环境主管部门及其环境执法机构和其他负有大气环境保护监督管理职责的部门，有权通过现场检查监测、自动监测、遥感监测、远红外摄像等方式，对排放大气污染物的企业事业单位和其他生产经营者进行监督检查。被检查者应当如实反映情况，提供必要的资料。实施检查的部门、机构及其工作人员应当为被检查者保守商业秘密。

第三十条　企业事业单位和其他生产经营者违反法律法规规定排放大气污染物，造成或者可能造成严重大气污染，或者有关证据可能灭失或者被隐匿的，县级以上人民政府生态环境主管部门和其他负有大气环境保护监督管理职责的部门，可以对有关设施、设备、物品采取查封、扣押等行政强制措施。

第三十一条　生态环境主管部门和其他负有大气环境保护监督管理职责的部门应当公布举报电话、电子邮箱等，方便公众举报。

生态环境主管部门和其他负有大气环境保护监督管理职责的部门接到举报的，应当及时处理并对举报人的相关信息予以保密；对实名举报的，应当反馈处理结果等情况，查证属实的，处理结果依法向社会公开，并对举报人给予奖励。

举报人举报所在单位的，该单位不得以解除、变更劳动合同或者其他方式对举报人进行打击报复。

第四章　大气污染防治措施

第一节　燃煤和其他能源污染防治

第三十二条　国务院有关部门和地方各级人民政府应当采取措施，调整能源结构，推广清洁能源的生产和使用；优化煤炭使用方式，推广煤炭清洁高效利用，逐步降低煤炭在一次能源消费中的比重，减少煤炭生产、使用、转化过程中的大气污染物排放。

第三十三条　国家推行煤炭洗选加工，降低煤炭的硫分和灰分，限制高硫分、高灰分煤炭的开采。新建煤矿应当同步建设配套的煤炭洗选设施，使煤炭的硫分、灰分含量达到规定标准；已建成的煤矿除所采煤炭属于低硫分、低灰分或者根据已达标排放的燃煤电厂要求不需要洗选的以外，应当限期建成配套的煤炭洗选设施。

禁止开采含放射性和砷等有毒有害物质超过规定标准的煤炭。

第三十四条　国家采取有利于煤炭清洁高效利用的经济、技术政策和措施，鼓励和支持洁净煤技术的开发和推广。

国家鼓励煤矿企业等采用合理、可行的技术措施，对煤层气进行开采利用，对煤矸石进行综合利用。从事煤层气开采利用的，煤层气排放应当符合有关标准规范。

第三十五条　国家禁止进口、销售和燃用不符合质量标准的煤炭，鼓励燃用优质煤炭。

单位存放煤炭、煤矸石、煤渣、煤灰等物料，应当采取防燃措施，防止大气污染。

第三十六条　地方各级人民政府应当采取措施，加强民用散煤的管理，禁止销售不符合民用散煤质量标准的煤炭，鼓励居民燃用优质煤炭和洁净型煤，推广节能环保型炉灶。

第三十七条　石油炼制企业应当按照燃油质量标准生产燃油。

禁止进口、销售和燃用不符合质量标准的石油焦。

第三十八条　城市人民政府可以划定并公布高污染燃料禁燃区，并根据大气环境质量改善要求，逐步扩大高污染燃料禁燃区范围。高污染燃料的目录由国务院生态环境主管部门确定。

在禁燃区内，禁止销售、燃用高污染燃料；禁止新建、扩建燃用高污染燃料的设施，已建成的，应当在城市人民政府规定的期限内改用天然气、页岩气、液化石油气、电或者其他清洁能源。

第三十九条　城市建设应当统筹规划，在燃煤供热地区，推进热电联产和集中供热。在集中供热管网覆盖地区，禁止新建、扩建分散燃煤供热锅炉；已建成的不能达标排放的燃煤供热锅炉，应当在城市人民政府规定的期限内拆除。

第四十条　县级以上人民政府市场监督管理部门应当会同生态环境主管部门对锅炉生产、进口、销售和使用环节执行环境保护标准或者要求的情况进行监督检查；不符合环境保护标准或者要求的，不得生产、进口、销售和使用。

第四十一条　燃煤电厂和其他燃煤单位应当采用清洁生产工艺，配套建设除尘、脱硫、脱硝等装置，或者采取技术改造等其他控制大气污染物排放的措施。

国家鼓励燃煤单位采用先进的除尘、脱硫、脱硝、脱汞等大气污染物协同控制的技术和装置，减少大气污染物的排放。

第四十二条　电力调度应当优先安排清洁能源发电上网。

第二节　工业污染防治

第四十三条　钢铁、建材、有色金属、石油、化工等企业生产过程中排放粉尘、硫化物和氮氧化物的，应当采用清洁生产工艺，配套建设除尘、脱硫、脱硝等装置，或者采取技术改造等其他控制大气污染物排放的措施。

第四十四条　生产、进口、销售和使用含挥发性有机物的原材料和产品的，其挥发性有机物含量应当符合质量标准或者要求。

国家鼓励生产、进口、销售和使用低毒、低挥发性有机溶剂。

第四十五条　产生含挥发性有机物废气的生产和服务活动，应当在密闭空间或者设备中进行，并按照规定安装、使用污染防治设施；无法密闭的，应当采取措施减少废气排放。

第四十六条　工业涂装企业应当使用低挥发性有机物含量的涂料，并建立台账，记录生产原料、辅料的使用量、废弃量、去向以及挥发性有机物含量。台账保存期限不得少于三年。

第四十七条　石油、化工以及其他生产和使用有机溶剂的企业，应当采取措施对管道、设备进行日常维护、维修，减少物料泄漏，对泄漏的物料应当及时收集处理。

储油储气库、加油加气站、原油成品油码头、原油成品油运输船舶和油罐车、气罐车等，应当按照国家有关规定安装油气回收装置并保持正常使用。

第四十八条 钢铁、建材、有色金属、石油、化工、制药、矿产开采等企业，应当加强精细化管理，采取集中收集处理等措施，严格控制粉尘和气态污染物的排放。

工业生产企业应当采取密闭、围挡、遮盖、清扫、洒水等措施，减少内部物料的堆存、传输、装卸等环节产生的粉尘和气态污染物的排放。

第四十九条 工业生产、垃圾填埋或者其他活动产生的可燃性气体应当回收利用，不具备回收利用条件的，应当进行污染防治处理。

可燃性气体回收利用装置不能正常作业的，应当及时修复或者更新。在回收利用装置不能正常作业期间确需排放可燃性气体的，应当将排放的可燃性气体充分燃烧或者采取其他控制大气污染物排放的措施，并向当地生态环境主管部门报告，按照要求限期修复或者更新。

第三节 机动车船等污染防治

第五十条 国家倡导低碳、环保出行，根据城市规划合理控制燃油机动车保有量，大力发展城市公共交通，提高公共交通出行比例。

国家采取财政、税收、政府采购等措施推广应用节能环保型和新能源机动车船、非道路移动机械，限制高油耗、高排放机动车船、非道路移动机械的发展，减少化石能源的消耗。

省、自治区、直辖市人民政府可以在条件具备的地区，提前执行国家机动车大气污染物排放标准中相应阶段排放限值，并报国务院生态环境主管部门备案。

城市人民政府应当加强并改善城市交通管理，优化道路设置，保障人行道和非机动车道的连续、畅通。

第五十一条 机动车船、非道路移动机械不得超过标准排放大气污染物。

禁止生产、进口或者销售大气污染物排放超过标准的机动车船、非道路移动机械。

第五十二条 机动车、非道路移动机械生产企业应当对新生产的机动车和非道路移动机械进行排放检验。经检验合格的，方可出厂销售。检验信息应当向社会公开。

省级以上人民政府生态环境主管部门可以通过现场检查、抽样检测等方式，加强对新生产、销售机动车和非道路移动机械大气污染物排放状况的监督检查。工业、市场监督管理等有关部门予以配合。

第五十三条　在用机动车应当按照国家或者地方的有关规定，由机动车排放检验机构定期对其进行排放检验。经检验合格的，方可上道路行驶。未经检验合格的，公安机关交通管理部门不得核发安全技术检验合格标志。

县级以上地方人民政府生态环境主管部门可以在机动车集中停放地、维修地对在用机动车的大气污染物排放状况进行监督抽测；在不影响正常通行的情况下，可以通过遥感监测等技术手段对在道路上行驶的机动车的大气污染物排放状况进行监督抽测，公安机关交通管理部门予以配合。

第五十四条　机动车排放检验机构应当依法通过计量认证，使用经依法检定合格的机动车排放检验设备，按照国务院生态环境主管部门制定的规范，对机动车进行排放检验，并与生态环境主管部门联网，实现检验数据实时共享。机动车排放检验机构及其负责人对检验数据的真实性和准确性负责。

生态环境主管部门和认证认可监督管理部门应当对机动车排放检验机构的排放检验情况进行监督检查。

第五十五条　机动车生产、进口企业应当向社会公布其生产、进口机动车车型的排放检验信息、污染控制技术信息和有关维修技术信息。

机动车维修单位应当按照防治大气污染的要求和国家有关技术规范对在用机动车进行维修，使其达到规定的排放标准。交通运输、生态环境主管部门应当依法加强监督管理。

禁止机动车所有人以临时更换机动车污染控制装置等弄虚作假的方式通过机动车排放检验。禁止机动车维修单位提供该类维修服务。禁止破坏机动车车载排放诊断系统。

第五十六条　生态环境主管部门应当会同交通运输、住房城乡建设、农业行政、水行政等有关部门对非道路移动机械的大气污染物排放状况进行监督检查，排放不合格的，不得使用。

第五十七条　国家倡导环保驾驶，鼓励燃油机动车驾驶人在不影响道路通行且需停车三分钟以上的情况下熄灭发动机，减少大气污染物的排放。

第五十八条　国家建立机动车和非道路移动机械环境保护召回制度。

生产、进口企业获知机动车、非道路移动机械排放大气污染物超过标准，属于设计、生产缺陷或者不符合规定的环境保护耐久性要求的，应当召回；未召回的，由国务院市场监督管理部门会同国务院生态环境主管部门责令其召回。

第五十九条　在用重型柴油车、非道路移动机械未安装污染控制装置或者污染控制装置不符合要求，不能达标排放的，应当加装或者更换符合要求的污染控制装置。

第六十条　在用机动车排放大气污染物超过标准的，应当进行维修；经维修或者采用污染控制技术后，大气污染物排放仍不符合国家在用机动车排放标准的，应当强制报废。其所有人应当将机动车交售给报废机动车回收拆解企业，由报废机动车回收拆解企业按照国家有关规定进行登记、拆解、销毁等处理。

国家鼓励和支持高排放机动车船、非道路移动机械提前报废。

第六十一条　城市人民政府可以根据大气环境质量状况，划定并公布禁止使用高排放非道路移动机械的区域。

第六十二条　船舶检验机构对船舶发动机及有关设备进行排放检验。经检验符合国家排放标准的，船舶方可运营。

第六十三条　内河和江海直达船舶应当使用符合标准的普通柴油。远洋船舶靠港后应当使用符合大气污染物控制要求的船舶用燃油。

新建码头应当规划、设计和建设岸基供电设施；已建成的码头应当逐步实施岸基供电设施改造。船舶靠港后应当优先使用岸电。

第六十四条　国务院交通运输主管部门可以在沿海海域划定船舶大气污染物排放控制区，进入排放控制区的船舶应当符合船舶相关排放要求。

第六十五条　禁止生产、进口、销售不符合标准的机动车船、非道路移动机械用燃料；禁止向汽车和摩托车销售普通柴油以及其他非机动车用燃料；禁止向非道路移动机械、内河和江海直达船舶销售渣油和重油。

第六十六条　发动机油、氮氧化物还原剂、燃料和润滑油添加剂以及其他添加剂的有害物质含量和其他大气环境保护指标，应当符合有关标准的要求，不得损害机动车船污染控制装置效果和耐久性，不得增加新的大气污染物排放。

第六十七条　国家积极推进民用航空器的大气污染防治，鼓励在设计、生产、使用过程中采取有效措施减少大气污染物排放。

民用航空器应当符合国家规定的适航标准中的有关发动机排出物要求。

第四节　扬尘污染防治

第六十八条　地方各级人民政府应当加强对建设施工和运输的管理，保持道路清洁，控制料堆和渣土堆放，扩大绿地、水面、湿地和地面铺装面积，防治扬尘污染。

住房城乡建设、市容环境卫生、交通运输、国土资源等有关部门，应当根据本级人民政府确定的职责，做好扬尘污染防治工作。

第六十九条　建设单位应当将防治扬尘污染的费用列入工程造价，并在施工承包合同中明确施工单位扬尘污染防治责任。施工单位应当制定具体的施工扬尘污染防治实施方案。

从事房屋建筑、市政基础设施建设、河道整治以及建筑物拆除等施工单位，应当向负责监督管理扬尘污染防治的主管部门备案。

施工单位应当在施工工地设置硬质围挡，并采取覆盖、分段作业、择时施工、洒水抑尘、冲洗地面和车辆等有效防尘降尘措施。建筑土方、工程渣土、建筑垃圾应当及时清运；在场地内堆存的，应当采用密闭式防尘网遮盖。工程渣土、建筑垃圾应当进行资源化处理。

施工单位应当在施工工地公示扬尘污染防治措施、负责人、扬尘监督管理主管部门等信息。

暂时不能开工的建设用地，建设单位应当对裸露地面进行覆盖；超过三个月的，应当进行绿化、铺装或者遮盖。

第七十条　运输煤炭、垃圾、渣土、砂石、土方、灰浆等散装、流体物料的车辆应当采取密闭或者其他措施防止物料遗撒造成扬尘污染，并按照规定路线行驶。

装卸物料应当采取密闭或者喷淋等方式防治扬尘污染。

城市人民政府应当加强道路、广场、停车场和其他公共场所的清扫保洁管理，推行清洁动力机械化清扫等低尘作业方式，防治扬尘污染。

第七十一条　市政河道以及河道沿线、公共用地的裸露地面以及其他城镇裸露地面，有关部门应当按照规划组织实施绿化或者透水铺装。

第七十二条　贮存煤炭、煤矸石、煤渣、煤灰、水泥、石灰、石膏、砂土等易产生扬尘的物料应当密闭；不能密闭的，应当设置不低于堆放物高度的严密围挡，并采取有效覆盖措施防治扬尘污染。

码头、矿山、填埋场和消纳场应当实施分区作业，并采取有效措施防治扬尘污染。

第五节　农业和其他污染防治

第七十三条　地方各级人民政府应当推动转变农业生产方式，发展农业循环经济，加大对废弃物综合处理的支持力度，加强对农业生产经营活动排放大气污染物的控制。

第七十四条　农业生产经营者应当改进施肥方式，科学合理施用化肥并按照国家有关规定使用农药，减少氨、挥发性有机物等大气污染物的排放。

禁止在人口集中地区对树木、花草喷洒剧毒、高毒农药。

第七十五条　畜禽养殖场、养殖小区应当及时对污水、畜禽粪便和尸体等进行收集、贮存、清运和无害化处理，防止排放恶臭气体。

第七十六条　各级人民政府及其农业行政等有关部门应当鼓励和支持采用先进适用技术，对秸秆、落叶等进行肥料化、饲料化、能源化、工业原料化、食用菌基料化等综合利用，加大对秸秆还田、收集一体化农业机械的财政补贴力度。

县级人民政府应当组织建立秸秆收集、贮存、运输和综合利用服务体系，采用财政补贴等措施支持农村集体经济组织、农民专业合作经济组织、企业等开展秸秆收集、贮存、运输和综合利用服务。

第七十七条　省、自治区、直辖市人民政府应当划定区域，禁止露天焚烧秸秆、落叶等产生烟尘污染的物质。

第七十八条　国务院生态环境主管部门应当会同国务院卫生行政部门，根据大气污染物对公众健康和生态环境的危害和影响程度，公布有毒有害大气污染物名录，实行风险管理。

排放前款规定名录中所列有毒有害大气污染物的企业事业单位，应当按照国家有关规定建设环境风险预警体系，对排放口和周边环境进行定期监测，评估环境风险，排查环境安全隐患，并采取有效措施防范环境风险。

第七十九条　向大气排放持久性有机污染物的企业事业单位和其他生产经营者以及废弃物焚烧设施的运营单位，应当按照国家有关规定，采取有利于减少持久性有机污染物排放的技术方法和工艺，配备有效的净化装置，实现达标排放。

第八十条　企业事业单位和其他生产经营者在生产经营活动中产生恶臭气体的，应当科学选址，设置合理的防护距离，并安装净化装置或者采取其他措施，防止排放恶臭气体。

第八十一条　排放油烟的餐饮服务业经营者应当安装油烟净化设施并保持正常使用，或者采取其他油烟净化措施，使油烟达标排放，并防止对附近居民的正常生活环境造成污染。

禁止在居民住宅楼、未配套设立专用烟道的商住综合楼以及商住综合楼内与居住层相邻的商业楼层内新建、改建、扩建产生油烟、异味、废气的餐饮服务项目。

任何单位和个人不得在当地人民政府禁止的区域内露天烧烤食品或者为露天烧烤食品提供场地。

第八十二条 禁止在人口集中地区和其他依法需要特殊保护的区域内焚烧沥青、油毡、橡胶、塑料、皮革、垃圾以及其他产生有毒有害烟尘和恶臭气体的物质。

禁止生产、销售和燃放不符合质量标准的烟花爆竹。任何单位和个人不得在城市人民政府禁止的时段和区域内燃放烟花爆竹。

第八十三条 国家鼓励和倡导文明、绿色祭祀。

火葬场应当设置除尘等污染防治设施并保持正常使用，防止影响周边环境。

第八十四条 从事服装干洗和机动车维修等服务活动的经营者，应当按照国家有关标准或者要求设置异味和废气处理装置等污染防治设施并保持正常使用，防止影响周边环境。

第八十五条 国家鼓励、支持消耗臭氧层物质替代品的生产和使用，逐步减少直至停止消耗臭氧层物质的生产和使用。

国家对消耗臭氧层物质的生产、使用、进出口实行总量控制和配额管理。具体办法由国务院规定。

第五章　重点区域大气污染联合防治

第八十六条 国家建立重点区域大气污染联防联控机制，统筹协调重点区域内大气污染防治工作。国务院生态环境主管部门根据主体功能区划、区域大气环境质量状况和大气污染传输扩散规律，划定国家大气污染防治重点区域，报国务院批准。

重点区域内有关省、自治区、直辖市人民政府应当确定牵头的地方人民政府，定期召开联席会议，按照统一规划、统一标准、统一监测、统一的防治措施的要求，开展大气污染联合防治，落实大气污染防治目标责任。国务院生态环境主管部门应当加强指导、督促。

省、自治区、直辖市可以参照第一款规定划定本行政区域的大气污染防治重点区域。

第八十七条 国务院生态环境主管部门会同国务院有关部门、国家大气污染防治重点区域内有关省、自治区、直辖市人民政府，根据重点区域经济社会发展和大气环境承载力，制定重点区域大气污染联合防治行动计划，明确控制目标，优化区域经济布局，统筹交通管理，发展清洁能源，提出重点防治任务和措施，促进重点区域大气环境质量改善。

第八十八条　国务院经济综合主管部门会同国务院生态环境主管部门，结合国家大气污染防治重点区域产业发展实际和大气环境质量状况，进一步提高环境保护、能耗、安全、质量等要求。

重点区域内有关省、自治区、直辖市人民政府应当实施更严格的机动车大气污染物排放标准，统一在用机动车检验方法和排放限值，并配套供应合格的车用燃油。

第八十九条　编制可能对国家大气污染防治重点区域的大气环境造成严重污染的有关工业园区、开发区、区域产业和发展等规划，应当依法进行环境影响评价。规划编制机关应当与重点区域内有关省、自治区、直辖市人民政府或者有关部门会商。

重点区域内有关省、自治区、直辖市建设可能对相邻省、自治区、直辖市大气环境质量产生重大影响的项目，应当及时通报有关信息，进行会商。

会商意见及其采纳情况作为环境影响评价文件审查或者审批的重要依据。

第九十条　国家大气污染防治重点区域内新建、改建、扩建用煤项目的，应当实行煤炭的等量或者减量替代。

第九十一条　国务院生态环境主管部门应当组织建立国家大气污染防治重点区域的大气环境质量监测、大气污染源监测等相关信息共享机制，利用监测、模拟以及卫星、航测、遥感等新技术分析重点区域内大气污染来源及其变化趋势，并向社会公开。

第九十二条　国务院生态环境主管部门和国家大气污染防治重点区域内有关省、自治区、直辖市人民政府可以组织有关部门开展联合执法、跨区域执法、交叉执法。

第六章　重污染天气应对

第九十三条　国家建立重污染天气监测预警体系。

国务院生态环境主管部门会同国务院气象主管机构等有关部门、国家大气污染防治重点区域内有关省、自治区、直辖市人民政府，建立重点区域重污染天气监测预警机制，统一预警分级标准。可能发生区域重污染天气的，应当及时向重点区域内有关省、自治区、直辖市人民政府通报。

省、自治区、直辖市、设区的市人民政府生态环境主管部门会同气象主管机构等有关部门建立本行政区域重污染天气监测预警机制。

第九十四条 县级以上地方人民政府应当将重污染天气应对纳入突发事件应急管理体系。

省、自治区、直辖市、设区的市人民政府以及可能发生重污染天气的县级人民政府，应当制定重污染天气应急预案，向上一级人民政府生态环境主管部门备案，并向社会公布。

第九十五条 省、自治区、直辖市、设区的市人民政府生态环境主管部门应当会同气象主管机构建立会商机制，进行大气环境质量预报。可能发生重污染天气的，应当及时向本级人民政府报告。省、自治区、直辖市、设区的市人民政府依据重污染天气预报信息，进行综合研判，确定预警等级并及时发出预警。预警等级根据情况变化及时调整。任何单位和个人不得擅自向社会发布重污染天气预报预警信息。

预警信息发布后，人民政府及其有关部门应当通过电视、广播、网络、短信等途径告知公众采取健康防护措施，指导公众出行和调整其他相关社会活动。

第九十六条 县级以上地方人民政府应当依据重污染天气的预警等级，及时启动应急预案，根据应急需要可以采取责令有关企业停产或者限产、限制部分机动车行驶、禁止燃放烟花爆竹、停止工地土石方作业和建筑物拆除施工、停止露天烧烤、停止幼儿园和学校组织的户外活动、组织开展人工影响天气作业等应急措施。

应急响应结束后，人民政府应当及时开展应急预案实施情况的评估，适时修改完善应急预案。

第九十七条 发生造成大气污染的突发环境事件，人民政府及其有关部门和相关企业事业单位，应当依照《中华人民共和国突发事件应对法》、《中华人民共和国环境保护法》的规定，做好应急处置工作。生态环境主管部门应当及时对突发环境事件产生的大气污染物进行监测，并向社会公布监测信息。

第七章 法 律 责 任

第九十八条 违反本法规定，以拒绝进入现场等方式拒不接受生态环境主管部门及其环境执法机构或者其他负有大气环境保护监督管理职责的部门的监督检查，或者在接受监督检查时弄虚作假的，由县级以上人民政府生态环境主管部门或者其他负有大气环境保护监督管理职责的部门责令改正，处二万元以上二十万元以下的罚款；构成违反治安管理行为的，由公安机关依法予以处罚。

第九十九条 违反本法规定，有下列行为之一的，由县级以上人民政府生态环境主管部门责令改正或者限制生产、停产整治，并处十万元以上一百万元以下的罚款；情节严重的，报经有批准权的人民政府批准，责令停业、关闭：

（一）未依法取得排污许可证排放大气污染物的；

（二）超过大气污染物排放标准或者超过重点大气污染物排放总量控制指标排放大气污染物的；

（三）通过逃避监管的方式排放大气污染物的。

第一百条 违反本法规定，有下列行为之一的，由县级以上人民政府生态环境主管部门责令改正，处二万元以上二十万元以下的罚款；拒不改正的，责令停产整治：

（一）侵占、损毁或者擅自移动、改变大气环境质量监测设施或者大气污染物排放自动监测设备的；

（二）未按照规定对所排放的工业废气和有毒有害大气污染物进行监测并保存原始监测记录的；

（三）未按照规定安装、使用大气污染物排放自动监测设备或者未按照规定与生态环境主管部门的监控设备联网，并保证监测设备正常运行的；

（四）重点排污单位不公开或者不如实公开自动监测数据的；

（五）未按照规定设置大气污染物排放口的。

第一百零一条 违反本法规定，生产、进口、销售或者使用国家综合性产业政策目录中禁止的设备和产品，采用国家综合性产业政策目录中禁止的工艺，或者将淘汰的设备和产品转让给他人使用的，由县级以上人民政府经济综合主管部门、海关按照职责责令改正，没收违法所得，并处货值金额一倍以上三倍以下的罚款；拒不改正的，报经有批准权的人民政府批准，责令停业、关闭。进口行为构成走私的，由海关依法予以处罚。

第一百零二条 违反本法规定，煤矿未按照规定建设配套煤炭洗选设施的，由县级以上人民政府能源主管部门责令改正，处十万元以上一百万元以下的罚款；拒不改正的，报经有批准权的人民政府批准，责令停业、关闭。

违反本法规定，开采含放射性和砷等有毒有害物质超过规定标准的煤炭的，由县级以上人民政府按照国务院规定的权限责令停业、关闭。

第一百零三条 违反本法规定，有下列行为之一的，由县级以上地方人民政府市场监督管理部门责令改正，没收原材料、产品和违法所得，并处货值金额一倍以上三倍以下的罚款：

（一）销售不符合质量标准的煤炭、石油焦的；

（二）生产、销售挥发性有机物含量不符合质量标准或者要求的原材料和产品的；

（三）生产、销售不符合标准的机动车船和非道路移动机械用燃料、发动机油、氮氧化物还原剂、燃料和润滑油添加剂以及其他添加剂的；

（四）在禁燃区内销售高污染燃料的。

第一百零四条 违反本法规定，有下列行为之一的，由海关责令改正，没收原材料、产品和违法所得，并处货值金额一倍以上三倍以下的罚款；构成走私的，由海关依法予以处罚：

（一）进口不符合质量标准的煤炭、石油焦的；

（二）进口挥发性有机物含量不符合质量标准或者要求的原材料和产品的；

（三）进口不符合标准的机动车船和非道路移动机械用燃料、发动机油、氮氧化物还原剂、燃料和润滑油添加剂以及其他添加剂的。

第一百零五条 违反本法规定，单位燃用不符合质量标准的煤炭、石油焦的，由县级以上人民政府生态环境主管部门责令改正，处货值金额一倍以上三倍以下的罚款。

第一百零六条 违反本法规定，使用不符合标准或者要求的船舶用燃油的，由海事管理机构、渔业主管部门按照职责处一万元以上十万元以下的罚款。

第一百零七条 违反本法规定，在禁燃区内新建、扩建燃用高污染燃料的设施，或者未按照规定停止燃用高污染燃料，或者在城市集中供热管网覆盖地区新建、扩建分散燃煤供热锅炉，或者未按照规定拆除已建成的不能达标排放的燃煤供热锅炉的，由县级以上地方人民政府生态环境主管部门没收燃用高污染燃料的设施，组织拆除燃煤供热锅炉，并处二万元以上二十万元以下的罚款。

违反本法规定，生产、进口、销售或者使用不符合规定标准或者要求的锅炉，由县级以上人民政府市场监督管理、生态环境主管部门责令改正，没收违法所得，并处二万元以上二十万元以下的罚款。

第一百零八条　违反本法规定，有下列行为之一的，由县级以上人民政府生态环境主管部门责令改正，处二万元以上二十万元以下的罚款；拒不改正的，责令停产整治：

（一）产生含挥发性有机物废气的生产和服务活动，未在密闭空间或者设备中进行，未按照规定安装、使用污染防治设施，或者未采取减少废气排放措施的；

（二）工业涂装企业未使用低挥发性有机物含量涂料或者未建立、保存台账的；

（三）石油、化工以及其他生产和使用有机溶剂的企业，未采取措施对管道、设备进行日常维护、维修，减少物料泄漏或者对泄漏的物料未及时收集处理的；

（四）储油储气库、加油加气站和油罐车、气罐车等，未按照国家有关规定安装并正常使用油气回收装置的；

（五）钢铁、建材、有色金属、石油、化工、制药、矿产开采等企业，未采取集中收集处理、密闭、围挡、遮盖、清扫、洒水等措施，控制、减少粉尘和气态污染物排放的；

（六）工业生产、垃圾填埋或者其他活动中产生的可燃性气体未回收利用，不具备回收利用条件未进行防治污染处理，或者可燃性气体回收利用装置不能正常作业，未及时修复或者更新的。

第一百零九条　违反本法规定，生产超过污染物排放标准的机动车、非道路移动机械的，由省级以上人民政府生态环境主管部门责令改正，没收违法所得，并处货值金额一倍以上三倍以下的罚款，没收销毁无法达到污染物排放标准的机动车、非道路移动机械；拒不改正的，责令停产整治，并由国务院机动车生产主管部门责令停止生产该车型。

违反本法规定，机动车、非道路移动机械生产企业对发动机、污染控制装置弄虚作假、以次充好，冒充排放检验合格产品出厂销售的，由省级以上人民政府生态环境主管部门责令停产整治，没收违法所得，并处货值金额一倍以上三倍以下的罚款，没收销毁无法达到污染物排放标准的机动车、非道路移动机械，并由国务院机动车生产主管部门责令停止生产该车型。

第一百一十条　违反本法规定，进口、销售超过污染物排放标准的机动车、非道路移动机械的，由县级以上人民政府市场监督管理部门、海关按照职责没收违法所得，并处货值金额一倍以上三倍以下的罚款，没收销毁无法达到污染物排放标准的机动车、非道路移动机械；进口行为构成走私的，由海关依法予以处罚。

违反本法规定，销售的机动车、非道路移动机械不符合污染物排放标准的，销售者应当负责修理、更换、退货；给购买者造成损失的，销售者应当赔偿损失。

第一百一十一条　违反本法规定，机动车生产、进口企业未按照规定向社会公布其生产、进口机动车车型的排放检验信息或者污染控制技术信息的，由省级以上人民政府生态环境主管部门责令改正，处五万元以上五十万元以下的罚款。

违反本法规定，机动车生产、进口企业未按照规定向社会公布其生产、进口机动车车型的有关维修技术信息的，由省级以上人民政府交通运输主管部门责令改正，处五万元以上五十万元以下的罚款。

第一百一十二条　违反本法规定，伪造机动车、非道路移动机械排放检验结果或者出具虚假排放检验报告的，由县级以上人民政府生态环境主管部门没收违法所得，并处十万元以上五十万元以下的罚款；情节严重的，由负责资质认定的部门取消其检验资格。

违反本法规定，伪造船舶排放检验结果或者出具虚假排放检验报告的，由海事管理机构依法予以处罚。

违反本法规定，以临时更换机动车污染控制装置等弄虚作假的方式通过机动车排放检验或者破坏机动车车载排放诊断系统的，由县级以上人民政府生态环境主管部门责令改正，对机动车所有人处五千元的罚款；对机动车维修单位处每辆机动车五千元的罚款。

第一百一十三条　违反本法规定，机动车驾驶人驾驶排放检验不合格的机动车上道路行驶的，由公安机关交通管理部门依法予以处罚。

第一百一十四条　违反本法规定，使用排放不合格的非道路移动机械，或者在用重型柴油车、非道路移动机械未按照规定加装、更换污染控制装置的，由县级以上人民政府生态环境等主管部门按照职责责令改正，处五千元的罚款。

违反本法规定，在禁止使用高排放非道路移动机械的区域使用高排放非道路移动机械的，由城市人民政府生态环境等主管部门依法予以处罚。

第一百一十五条　违反本法规定，施工单位有下列行为之一的，由县级以上人民政府住房城乡建设等主管部门按照职责责令改正，处一万元以上十万元以下的罚款；拒不改正的，责令停工整治：

（一）施工工地未设置硬质围挡，或者未采取覆盖、分段作业、择时施工、洒水抑尘、冲洗地面和车辆等有效防尘降尘措施的；

（二）建筑土方、工程渣土、建筑垃圾未及时清运，或者未采用密闭式防尘网遮盖的。

违反本法规定，建设单位未对暂时不能开工的建设用地的裸露地面进行覆盖，或者未对超过三个月不能开工的建设用地的裸露地面进行绿化、铺装或者遮盖的，由县级以上人民政府住房城乡建设等主管部门依照前款规定予以处罚。

第一百一十六条 违反本法规定，运输煤炭、垃圾、渣土、砂石、土方、灰浆等散装、流体物料的车辆，未采取密闭或者其他措施防止物料遗撒的，由县级以上地方人民政府确定的监督管理部门责令改正，处二千元以上二万元以下的罚款；拒不改正的，车辆不得上道路行驶。

第一百一十七条 违反本法规定，有下列行为之一的，由县级以上人民政府生态环境等主管部门按照职责责令改正，处一万元以上十万元以下的罚款；拒不改正的，责令停工整治或者停业整治：

（一）未密闭煤炭、煤矸石、煤渣、煤灰、水泥、石灰、石膏、砂土等易产生扬尘的物料的；

（二）对不能密闭的易产生扬尘的物料，未设置不低于堆放物高度的严密围挡，或者未采取有效覆盖措施防治扬尘污染的；

（三）装卸物料未采取密闭或者喷淋等方式控制扬尘排放的；

（四）存放煤炭、煤矸石、煤渣、煤灰等物料，未采取防燃措施的；

（五）码头、矿山、填埋场和消纳场未采取有效措施防治扬尘污染的；

（六）排放有毒有害大气污染物名录中所列有毒有害大气污染物的企业事业单位，未按照规定建设环境风险预警体系或者对排放口和周边环境进行定期监测、排查环境安全隐患并采取有效措施防范环境风险的；

（七）向大气排放持久性有机污染物的企业事业单位和其他生产经营者以及废弃物焚烧设施的运营单位，未按照国家有关规定采取有利于减少持久性有机污染物排放的技术方法和工艺，配备净化装置的；

（八）未采取措施防止排放恶臭气体的。

第一百一十八条 违反本法规定，排放油烟的餐饮服务业经营者未安装油烟净化设施、不正常使用油烟净化设施或者未采取其他油烟净化措施，超过排放标准排放油烟的，由县级以上地方人民政府确定的监督管理部门责令改正，处五千元以上五万元以下的罚款；拒不改正的，责令停业整治。

违反本法规定，在居民住宅楼、未配套设立专用烟道的商住综合楼、商住综合楼内与居住层相邻的商业楼层内新建、改建、扩建产生油烟、异味、废气的餐饮服务项目的，由县级以上地方人民政府确定的监督管理部门责令改正；拒不改正的，予以关闭，并处一万元以上十万元以下的罚款。

违反本法规定，在当地人民政府禁止的时段和区域内露天烧烤食品或者为露天烧烤食品提供场地的，由县级以上地方人民政府确定的监督管理部门责令改正，没收烧烤工具和违法所得，并处五百元以上二万元以下的罚款。

第一百一十九条 违反本法规定，在人口集中地区对树木、花草喷洒剧毒、高毒农药，或者露天焚烧秸秆、落叶等产生烟尘污染的物质的，由县级以上地方人民政府确定的监督管理部门责令改正，并可以处五百元以上二千元以下的罚款。

违反本法规定，在人口集中地区和其他依法需要特殊保护的区域内，焚烧沥青、油毡、橡胶、塑料、皮革、垃圾以及其他产生有毒有害烟尘和恶臭气体的物质的，由县级人民政府确定的监督管理部门责令改正，对单位处一万元以上十万元以下的罚款，对个人处五百元以上二千元以下的罚款。

违反本法规定，在城市人民政府禁止的时段和区域内燃放烟花爆竹的，由县级以上地方人民政府确定的监督管理部门依法予以处罚。

第一百二十条 违反本法规定，从事服装干洗和机动车维修等服务活动，未设置异味和废气处理装置等污染防治设施并保持正常使用，影响周边环境的，由县级以上地方人民政府生态环境主管部门责令改正，处二千元以上二万元以下的罚款；拒不改正的，责令停业整治。

第一百二十一条 违反本法规定，擅自向社会发布重污染天气预报预警信息，构成违反治安管理行为的，由公安机关依法予以处罚。

违反本法规定，拒不执行停止工地土石方作业或者建筑物拆除施工等重污染天气应急措施的，由县级以上地方人民政府确定的监督管理部门处一万元以上十万元以下的罚款。

第一百二十二条 违反本法规定，造成大气污染事故的，由县级以上人民政府生态环境主管部门依照本条第二款的规定处以罚款；对直接负责的主管人员和其他直接责任人员可以处上一年度从本企业事业单位取得收入百分之五十以下的罚款。

对造成一般或者较大大气污染事故的，按照污染事故造成直接损失的一倍以上三倍以下计算罚款；对造成重大或者特大大气污染事故的，按照污染事故造成的直接损失的三倍以上五倍以下计算罚款。

第一百二十三条 违反本法规定，企业事业单位和其他生产经营者有下列行为之一，受到罚款处罚，被责令改正，拒不改正的，依法作出处罚决定的行政机关可以自责令改正之日的次日起，按照原处罚数额按日连续处罚：

（一）未依法取得排污许可证排放大气污染物的；

（二）超过大气污染物排放标准或者超过重点大气污染物排放总量控制指标排放大气污染物的；

（三）通过逃避监管的方式排放大气污染物的；

（四）建筑施工或者贮存易产生扬尘的物料未采取有效措施防治扬尘污染的。

第一百二十四条 违反本法规定，对举报人以解除、变更劳动合同或者其他方式打击报复的，应当依照有关法律的规定承担责任。

第一百二十五条 排放大气污染物造成损害的，应当依法承担侵权责任。

第一百二十六条 地方各级人民政府、县级以上人民政府生态环境主管部门和其他负有大气环境保护监督管理职责的部门及其工作人员滥用职权、玩忽职守、徇私舞弊、弄虚作假的，依法给予处分。

第一百二十七条 违反本法规定，构成犯罪的，依法追究刑事责任。

第八章 附　　则

第一百二十八条 海洋工程的大气污染防治，依照《中华人民共和国海洋环境保护法》的有关规定执行。

第一百二十九条 本法自 2016 年 1 月 1 日起施行。

中华人民共和国水污染防治法

（1984 年 5 月 11 日第六届全国人民代表大会常务委员会第五次
会议通过　根据 1996 年 5 月 15 日第八届全国人民代表大会常务委
员会第十九次会议《关于修改〈中华人民共和国水污染防治法〉
的决定》第一次修正　根据 2008 年 2 月 28 日第十届全国人民代表
大会常务委员会第三十二次会议修订　根据 2017 年 6 月 27 日第十
二届全国人民代表大会常务委员会第二十八次会议《关于修改
〈中华人民共和国水污染防治法〉的决定》第二次修正）

第一章　总　则

第一条　为了保护和改善环境，防治水污染，保护水生态，保障饮用水
安全，维护公众健康，推进生态文明建设，促进经济社会可持续发展，制定
本法。

第二条　本法适用于中华人民共和国领域内的江河、湖泊、运河、渠
道、水库等地表水体以及地下水体的污染防治。

海洋污染防治适用《中华人民共和国海洋环境保护法》。

第三条　水污染防治应当坚持预防为主、防治结合、综合治理的原则，
优先保护饮用水水源，严格控制工业污染、城镇生活污染，防治农业面源污
染，积极推进生态治理工程建设，预防、控制和减少水环境污染和生态
破坏。

第四条　县级以上人民政府应当将水环境保护工作纳入国民经济和社会
发展规划。

地方各级人民政府对本行政区域的水环境质量负责，应当及时采取措施
防治水污染。

第五条　省、市、县、乡建立河长制，分级分段组织领导本行政区域内
江河、湖泊的水资源保护、水域岸线管理、水污染防治、水环境治理等
工作。

第六条　国家实行水环境保护目标责任制和考核评价制度，将水环境保
护目标完成情况作为对地方人民政府及其负责人考核评价的内容。

第七条　国家鼓励、支持水污染防治的科学技术研究和先进适用技术的推广应用，加强水环境保护的宣传教育。

第八条　国家通过财政转移支付等方式，建立健全对位于饮用水水源保护区区域和江河、湖泊、水库上游地区的水环境生态保护补偿机制。

第九条　县级以上人民政府环境保护主管部门对水污染防治实施统一监督管理。

交通主管部门的海事管理机构对船舶污染水域的防治实施监督管理。

县级以上人民政府水行政、国土资源、卫生、建设、农业、渔业等部门以及重要江河、湖泊的流域水资源保护机构，在各自的职责范围内，对有关水污染防治实施监督管理。

第十条　排放水污染物，不得超过国家或者地方规定的水污染物排放标准和重点水污染物排放总量控制指标。

第十一条　任何单位和个人都有义务保护水环境，并有权对污染损害水环境的行为进行检举。

县级以上人民政府及其有关主管部门对在水污染防治工作中做出显著成绩的单位和个人给予表彰和奖励。

第二章　水污染防治的标准和规划

第十二条　国务院环境保护主管部门制定国家水环境质量标准。

省、自治区、直辖市人民政府可以对国家水环境质量标准中未作规定的项目，制定地方标准，并报国务院环境保护主管部门备案。

第十三条　国务院环境保护主管部门会同国务院水行政主管部门和有关省、自治区、直辖市人民政府，可以根据国家确定的重要江河、湖泊流域水体的使用功能以及有关地区的经济、技术条件，确定该重要江河、湖泊流域的省界水体适用的水环境质量标准，报国务院批准后施行。

第十四条　国务院环境保护主管部门根据国家水环境质量标准和国家经济、技术条件，制定国家水污染物排放标准。

省、自治区、直辖市人民政府对国家水污染物排放标准中未作规定的项目，可以制定地方水污染物排放标准；对国家水污染物排放标准中已作规定的项目，可以制定严于国家水污染物排放标准的地方水污染物排放标准。地方水污染物排放标准须报国务院环境保护主管部门备案。

向已有地方水污染物排放标准的水体排放污染物的，应当执行地方水污染物排放标准。

第十五条 国务院环境保护主管部门和省、自治区、直辖市人民政府，应当根据水污染防治的要求和国家或者地方的经济、技术条件，适时修订水环境质量标准和水污染物排放标准。

第十六条 防治水污染应当按流域或者按区域进行统一规划。国家确定的重要江河、湖泊的流域水污染防治规划，由国务院环境保护主管部门会同国务院经济综合宏观调控、水行政等部门和有关省、自治区、直辖市人民政府编制，报国务院批准。

前款规定外的其他跨省、自治区、直辖市江河、湖泊的流域水污染防治规划，根据国家确定的重要江河、湖泊的流域水污染防治规划和本地实际情况，由有关省、自治区、直辖市人民政府环境保护主管部门会同同级水行政等部门和有关市、县人民政府编制，经有关省、自治区、直辖市人民政府审核，报国务院批准。

省、自治区、直辖市内跨县江河、湖泊的流域水污染防治规划，根据国家确定的重要江河、湖泊的流域水污染防治规划和本地实际情况，由省、自治区、直辖市人民政府环境保护主管部门会同同级水行政等部门编制，报省、自治区、直辖市人民政府批准，并报国务院备案。

经批准的水污染防治规划是防治水污染的基本依据，规划的修订须经原批准机关批准。

县级以上地方人民政府应当根据依法批准的江河、湖泊的流域水污染防治规划，组织制定本行政区域的水污染防治规划。

第十七条 有关市、县级人民政府应当按照水污染防治规划确定的水环境质量改善目标的要求，制定限期达标规划，采取措施按期达标。

有关市、县级人民政府应当将限期达标规划报上一级人民政府备案，并向社会公开。

第十八条 市、县级人民政府每年在向本级人民代表大会或者其常务委员会报告环境状况和环境保护目标完成情况时，应当报告水环境质量限期达标规划执行情况，并向社会公开。

第三章 水污染防治的监督管理

第十九条 新建、改建、扩建直接或者间接向水体排放污染物的建设项目和其他水上设施，应当依法进行环境影响评价。

建设单位在江河、湖泊新建、改建、扩建排污口的，应当取得水行政主管部门或者流域管理机构同意；涉及通航、渔业水域的，环境保护主管部门在审批环境影响评价文件时，应当征求交通、渔业主管部门的意见。

建设项目的水污染防治设施，应当与主体工程同时设计、同时施工、同时投入使用。水污染防治设施应当符合经批准或者备案的环境影响评价文件的要求。

第二十条 国家对重点水污染物排放实施总量控制制度。

重点水污染物排放总量控制指标，由国务院环境保护主管部门在征求国务院有关部门和各省、自治区、直辖市人民政府意见后，会同国务院经济综合宏观调控部门报国务院批准并下达实施。

省、自治区、直辖市人民政府应当按照国务院的规定削减和控制本行政区域的重点水污染物排放总量。具体办法由国务院环境保护主管部门会同国务院有关部门规定。

省、自治区、直辖市人民政府可以根据本行政区域水环境质量状况和水污染防治工作的需要，对国家重点水污染物之外的其他水污染物排放实行总量控制。

对超过重点水污染物排放总量控制指标或者未完成水环境质量改善目标的地区，省级以上人民政府环境保护主管部门应当会同有关部门约谈该地区人民政府的主要负责人，并暂停审批新增重点水污染物排放总量的建设项目的环境影响评价文件。约谈情况应当向社会公开。

第二十一条 直接或者间接向水体排放工业废水和医疗污水以及其他按照规定应当取得排污许可证方可排放的废水、污水的企业事业单位和其他生产经营者，应当取得排污许可证；城镇污水集中处理设施的运营单位，也应当取得排污许可证。排污许可证应当明确排放水污染物的种类、浓度、总量和排放去向等要求。排污许可的具体办法由国务院规定。

禁止企业事业单位和其他生产经营者无排污许可证或者违反排污许可证的规定向水体排放前款规定的废水、污水。

第二十二条 向水体排放污染物的企业事业单位和其他生产经营者，应当按照法律、行政法规和国务院环境保护主管部门的规定设置排污口；在江河、湖泊设置排污口的，还应当遵守国务院水行政主管部门的规定。

第二十三条 实行排污许可管理的企业事业单位和其他生产经营者应当按照国家有关规定和监测规范，对所排放的水污染物自行监测，并保存原始监测记录。重点排污单位还应当安装水污染物排放自动监测设备，与环境保护主管部门的监控设备联网，并保证监测设备正常运行。具体办法由国务院环境保护主管部门规定。

应当安装水污染物排放自动监测设备的重点排污单位名录，由设区的市级以上地方人民政府环境保护主管部门根据本行政区域的环境容量、重点水污染物排放总量控制指标的要求以及排污单位排放水污染物的种类、数量和浓度等因素，商同级有关部门确定。

第二十四条　实行排污许可管理的企业事业单位和其他生产经营者应当对监测数据的真实性和准确性负责。

环境保护主管部门发现重点排污单位的水污染物排放自动监测设备传输数据异常，应当及时进行调查。

第二十五条　国家建立水环境质量监测和水污染物排放监测制度。国务院环境保护主管部门负责制定水环境监测规范，统一发布国家水环境状况信息，会同国务院水行政等部门组织监测网络，统一规划国家水环境质量监测站（点）的设置，建立监测数据共享机制，加强对水环境监测的管理。

第二十六条　国家确定的重要江河、湖泊流域的水资源保护工作机构负责监测其所在流域的省界水体的水环境质量状况，并将监测结果及时报国务院环境保护主管部门和国务院水行政主管部门；有经国务院批准成立的流域水资源保护领导机构的，应当将监测结果及时报告流域水资源保护领导机构。

第二十七条　国务院有关部门和县级以上地方人民政府开发、利用和调节、调度水资源时，应当统筹兼顾，维持江河的合理流量和湖泊、水库以及地下水体的合理水位，保障基本生态用水，维护水体的生态功能。

第二十八条　国务院环境保护主管部门应当会同国务院水行政等部门和有关省、自治区、直辖市人民政府，建立重要江河、湖泊的流域水环境保护联合协调机制，实行统一规划、统一标准、统一监测、统一的防治措施。

第二十九条　国务院环境保护主管部门和省、自治区、直辖市人民政府环境保护主管部门应当会同同级有关部门根据流域生态环境功能需要，明确流域生态环境保护要求，组织开展流域环境资源承载能力监测、评价，实施流域环境资源承载能力预警。

县级以上地方人民政府应当根据流域生态环境功能需要，组织开展江河、湖泊、湿地保护与修复，因地制宜建设人工湿地、水源涵养林、沿河沿湖植被缓冲带和隔离带等生态环境治理与保护工程，整治黑臭水体，提高流域环境资源承载能力。

从事开发建设活动，应当采取有效措施，维护流域生态环境功能，严守生态保护红线。

第三十条 环境保护主管部门和其他依照本法规定行使监督管理权的部门，有权对管辖范围内的排污单位进行现场检查，被检查的单位应当如实反映情况，提供必要的资料。检查机关有义务为被检查的单位保守在检查中获取的商业秘密。

第三十一条 跨行政区域的水污染纠纷，由有关地方人民政府协商解决，或者由其共同的上级人民政府协调解决。

第四章　水污染防治措施

第一节　一般规定

第三十二条 国务院环境保护主管部门应当会同国务院卫生主管部门，根据对公众健康和生态环境的危害和影响程度，公布有毒有害水污染物名录，实行风险管理。

排放前款规定名录中所列有毒有害水污染物的企业事业单位和其他生产经营者，应当对排污口和周边环境进行监测，评估环境风险，排查环境安全隐患，并公开有毒有害水污染物信息，采取有效措施防范环境风险。

第三十三条 禁止向水体排放油类、酸液、碱液或者剧毒废液。

禁止在水体清洗装贮过油类或者有毒污染物的车辆和容器。

第三十四条 禁止向水体排放、倾倒放射性固体废物或者含有高放射性和中放射性物质的废水。

向水体排放含低放射性物质的废水，应当符合国家有关放射性污染防治的规定和标准。

第三十五条 向水体排放含热废水，应当采取措施，保证水体的水温符合水环境质量标准。

第三十六条 含病原体的污水应当经过消毒处理；符合国家有关标准后，方可排放。

第三十七条 禁止向水体排放、倾倒工业废渣、城镇垃圾和其他废弃物。

禁止将含有汞、镉、砷、铬、铅、氰化物、黄磷等的可溶性剧毒废渣向水体排放、倾倒或者直接埋入地下。

存放可溶性剧毒废渣的场所，应当采取防水、防渗漏、防流失的措施。

第三十八条　禁止在江河、湖泊、运河、渠道、水库最高水位线以下的滩地和岸坡堆放、存贮固体废弃物和其他污染物。

第三十九条　禁止利用渗井、渗坑、裂隙、溶洞，私设暗管，篡改、伪造监测数据，或者不正常运行水污染防治设施等逃避监管的方式排放水污染物。

第四十条　化学品生产企业以及工业集聚区、矿山开采区、尾矿库、危险废物处置场、垃圾填埋场等的运营、管理单位，应当采取防渗漏等措施，并建设地下水水质监测井进行监测，防止地下水污染。

加油站等的地下油罐应当使用双层罐或者采取建造防渗池等其他有效措施，并进行防渗漏监测，防止地下水污染。

禁止利用无防渗漏措施的沟渠、坑塘等输送或者存贮含有毒污染物的废水、含病原体的污水和其他废弃物。

第四十一条　多层地下水的含水层水质差异大的，应当分层开采；对已受污染的潜水和承压水，不得混合开采。

第四十二条　兴建地下工程设施或者进行地下勘探、采矿等活动，应当采取防护性措施，防止地下水污染。

报废矿井、钻井或者取水井等，应当实施封井或者回填。

第四十三条　人工回灌补给地下水，不得恶化地下水质。

第二节　工业水污染防治

第四十四条　国务院有关部门和县级以上地方人民政府应当合理规划工业布局，要求造成水污染的企业进行技术改造，采取综合防治措施，提高水的重复利用率，减少废水和污染物排放量。

第四十五条　排放工业废水的企业应当采取有效措施，收集和处理产生的全部废水，防止污染环境。含有毒有害水污染物的工业废水应当分类收集和处理，不得稀释排放。

工业集聚区应当配套建设相应的污水集中处理设施，安装自动监测设备，与环境保护主管部门的监控设备联网，并保证监测设备正常运行。

向污水集中处理设施排放工业废水的，应当按照国家有关规定进行预处理，达到集中处理设施处理工艺要求后方可排放。

第四十六条　国家对严重污染水环境的落后工艺和设备实行淘汰制度。国务院经济综合宏观调控部门会同国务院有关部门，公布限期禁止采用的严重污染水环境的工艺名录和限期禁止生产、销售、进口、使用的严重污染水环境的设备名录。

生产者、销售者、进口者或者使用者应当在规定的期限内停止生产、销售、进口或者使用列入前款规定的设备名录中的设备。工艺的采用者应当在规定的期限内停止采用列入前款规定的工艺名录中的工艺。

依照本条第二款、第三款规定被淘汰的设备，不得转让给他人使用。

第四十七条 国家禁止新建不符合国家产业政策的小型造纸、制革、印染、染料、炼焦、炼硫、炼砷、炼汞、炼油、电镀、农药、石棉、水泥、玻璃、钢铁、火电以及其他严重污染水环境的生产项目。

第四十八条 企业应当采用原材料利用效率高、污染物排放量少的清洁工艺，并加强管理，减少水污染物的产生。

第三节 城镇水污染防治

第四十九条 城镇污水应当集中处理。

县级以上地方人民政府应当通过财政预算和其他渠道筹集资金，统筹安排建设城镇污水集中处理设施及配套管网，提高本行政区域城镇污水的收集率和处理率。

国务院建设主管部门应当会同国务院经济综合宏观调控、环境保护主管部门，根据城乡规划和水污染防治规划，组织编制全国城镇污水处理设施建设规划。县级以上地方人民政府组织建设、经济综合宏观调控、环境保护、水行政等部门编制本行政区域的城镇污水处理设施建设规划。县级以上地方人民政府建设主管部门应当按照城镇污水处理设施建设规划，组织建设城镇污水集中处理设施及配套管网，并加强对城镇污水集中处理设施运营的监督管理。

城镇污水集中处理设施的运营单位按照国家规定向排污者提供污水处理的有偿服务，收取污水处理费用，保证污水集中处理设施的正常运行。收取的污水处理费用应当用于城镇污水集中处理设施的建设运行和污泥处理处置，不得挪作他用。

城镇污水集中处理设施的污水处理收费、管理以及使用的具体办法，由国务院规定。

第五十条 向城镇污水集中处理设施排放水污染物，应当符合国家或者地方规定的水污染物排放标准。

城镇污水集中处理设施的运营单位，应当对城镇污水集中处理设施的出水水质负责。

环境保护主管部门应当对城镇污水集中处理设施的出水水质和水量进行监督检查。

第五十一条　城镇污水集中处理设施的运营单位或者污泥处理处置单位应当安全处理处置污泥，保证处理处置后的污泥符合国家标准，并对污泥的去向等进行记录。

第四节　农业和农村水污染防治

第五十二条　国家支持农村污水、垃圾处理设施的建设，推进农村污水、垃圾集中处理。

地方各级人民政府应当统筹规划建设农村污水、垃圾处理设施，并保障其正常运行。

第五十三条　制定化肥、农药等产品的质量标准和使用标准，应当适应水环境保护要求。

第五十四条　使用农药，应当符合国家有关农药安全使用的规定和标准。

运输、存贮农药和处置过期失效农药，应当加强管理，防止造成水污染。

第五十五条　县级以上地方人民政府农业主管部门和其他有关部门，应当采取措施，指导农业生产者科学、合理地施用化肥和农药，推广测土配方施肥技术和高效低毒低残留农药，控制化肥和农药的过量使用，防止造成水污染。

第五十六条　国家支持畜禽养殖场、养殖小区建设畜禽粪便、废水的综合利用或者无害化处理设施。

畜禽养殖场、养殖小区应当保证其畜禽粪便、废水的综合利用或者无害化处理设施正常运转，保证污水达标排放，防止污染水环境。

畜禽散养密集区所在地县、乡级人民政府应当组织对畜禽粪便污水进行分户收集、集中处理利用。

第五十七条　从事水产养殖应当保护水域生态环境，科学确定养殖密度，合理投饵和使用药物，防止污染水环境。

第五十八条　农田灌溉用水应当符合相应的水质标准，防止污染土壤、地下水和农产品。

禁止向农田灌溉渠道排放工业废水或者医疗污水。向农田灌溉渠道排放城镇污水以及未综合利用的畜禽养殖废水、农产品加工废水的，应当保证其下游最近的灌溉取水点的水质符合农田灌溉水质标准。

第五节　船舶水污染防治

第五十九条　船舶排放含油污水、生活污水，应当符合船舶污染物排放标准。从事海洋航运的船舶进入内河和港口的，应当遵守内河的船舶污染物排放标准。

船舶的残油、废油应当回收，禁止排入水体。

禁止向水体倾倒船舶垃圾。

船舶装载运输油类或者有毒货物，应当采取防止溢流和渗漏的措施，防止货物落水造成水污染。

进入中华人民共和国内河的国际航线船舶排放压载水的，应当采用压载水处理装置或者采取其他等效措施，对压载水进行灭活等处理。禁止排放不符合规定的船舶压载水。

第六十条　船舶应当按照国家有关规定配置相应的防污设备和器材，并持有合法有效的防止水域环境污染的证书与文书。

船舶进行涉及污染物排放的作业，应当严格遵守操作规程，并在相应的记录簿上如实记载。

第六十一条　港口、码头、装卸站和船舶修造厂所在地市、县级人民政府应当统筹规划建设船舶污染物、废弃物的接收、转运及处理处置设施。

港口、码头、装卸站和船舶修造厂应当备有足够的船舶污染物、废弃物的接收设施。从事船舶污染物、废弃物接收作业，或者从事装载油类、污染危害性货物船舱清洗作业的单位，应当具备与其运营规模相适应的接收处理能力。

第六十二条　船舶及有关作业单位从事有污染风险的作业活动，应当按照有关法律法规和标准，采取有效措施，防止造成水污染。海事管理机构、渔业主管部门应当加强对船舶及有关作业活动的监督管理。

船舶进行散装液体污染危害性货物的过驳作业，应当编制作业方案，采取有效的安全和污染防治措施，并报作业地海事管理机构批准。

禁止采取冲滩方式进行船舶拆解作业。

第五章　饮用水水源和其他
特殊水体保护

第六十三条　国家建立饮用水水源保护区制度。饮用水水源保护区分为一级保护区和二级保护区；必要时，可以在饮用水水源保护区外围划定一定的区域作为准保护区。

饮用水水源保护区的划定，由有关市、县人民政府提出划定方案，报省、自治区、直辖市人民政府批准；跨市、县饮用水水源保护区的划定，由有关市、县人民政府协商提出划定方案，报省、自治区、直辖市人民政府批准；协商不成的，由省、自治区、直辖市人民政府环境保护主管部门会同同级水行政、国土资源、卫生、建设等部门提出划定方案，征求同级有关部门的意见后，报省、自治区、直辖市人民政府批准。

跨省、自治区、直辖市的饮用水水源保护区，由有关省、自治区、直辖市人民政府商有关流域管理机构划定；协商不成的，由国务院环境保护主管部门会同同级水行政、国土资源、卫生、建设等部门提出划定方案，征求国务院有关部门的意见后，报国务院批准。

国务院和省、自治区、直辖市人民政府可以根据保护饮用水水源的实际需要，调整饮用水水源保护区的范围，确保饮用水安全。有关地方人民政府应当在饮用水水源保护区的边界设立明确的地理界标和明显的警示标志。

第六十四条 在饮用水水源保护区内，禁止设置排污口。

第六十五条 禁止在饮用水水源一级保护区内新建、改建、扩建与供水设施和保护水源无关的建设项目；已建成的与供水设施和保护水源无关的建设项目，由县级以上人民政府责令拆除或者关闭。

禁止在饮用水水源一级保护区内从事网箱养殖、旅游、游泳、垂钓或者其他可能污染饮用水水体的活动。

第六十六条 禁止在饮用水水源二级保护区内新建、改建、扩建排放污染物的建设项目；已建成的排放污染物的建设项目，由县级以上人民政府责令拆除或者关闭。

在饮用水水源二级保护区内从事网箱养殖、旅游等活动的，应当按照规定采取措施，防止污染饮用水水体。

第六十七条 禁止在饮用水水源准保护区内新建、扩建对水体污染严重的建设项目；改建建设项目，不得增加排污量。

第六十八条 县级以上地方人民政府应当根据保护饮用水水源的实际需要，在准保护区内采取工程措施或者建造湿地、水源涵养林等生态保护措施，防止水污染物直接排入饮用水水体，确保饮用水安全。

第六十九条 县级以上地方人民政府应当组织环境保护等部门，对饮用水水源保护区、地下水型饮用水源的补给区及供水单位周边区域的环境状况和污染风险进行调查评估，筛查可能存在的污染风险因素，并采取相应的风险防范措施。

饮用水水源受到污染可能威胁供水安全的，环境保护主管部门应当责令有关企业事业单位和其他生产经营者采取停止排放水污染物等措施，并通报饮用水供水单位和供水、卫生、水行政等部门；跨行政区域的，还应当通报相关地方人民政府。

第七十条 单一水源供水城市的人民政府应当建设应急水源或者备用水源，有条件的地区可以开展区域联网供水。

县级以上地方人民政府应当合理安排、布局农村饮用水水源，有条件的地区可以采取城镇供水管网延伸或者建设跨村、跨乡镇联片集中供水工程等方式，发展规模集中供水。

第七十一条 饮用水供水单位应当做好取水口和出水口的水质检测工作。发现取水口水质不符合饮用水水源水质标准或者出水口水质不符合饮用水卫生标准的，应当及时采取相应措施，并向所在地市、县级人民政府供水主管部门报告。供水主管部门接到报告后，应当通报环境保护、卫生、水行政等部门。

饮用水供水单位应当对供水水质负责，确保供水设施安全可靠运行，保证供水水质符合国家有关标准。

第七十二条 县级以上地方人民政府应当组织有关部门监测、评估本行政区域内饮用水水源、供水单位供水和用户水龙头出水的水质等饮用水安全状况。

县级以上地方人民政府有关部门应当至少每季度向社会公开一次饮用水安全状况信息。

第七十三条 国务院和省、自治区、直辖市人民政府根据水环境保护的需要，可以规定在饮用水水源保护区内，采取禁止或者限制使用含磷洗涤剂、化肥、农药以及限制种植养殖等措施。

第七十四条 县级以上人民政府可以对风景名胜区水体、重要渔业水体和其他具有特殊经济文化价值的水体划定保护区，并采取措施，保证保护区的水质符合规定用途的水环境质量标准。

第七十五条 在风景名胜区水体、重要渔业水体和其他具有特殊经济文化价值的水体的保护区内，不得新建排污口。在保护区附近新建排污口，应当保证保护区水体不受污染。

第六章　水污染事故处置

第七十六条　各级人民政府及其有关部门，可能发生水污染事故的企业事业单位，应当依照《中华人民共和国突发事件应对法》的规定，做好突发水污染事故的应急准备、应急处置和事后恢复等工作。

第七十七条　可能发生水污染事故的企业事业单位，应当制定有关水污染事故的应急方案，做好应急准备，并定期进行演练。

生产、储存危险化学品的企业事业单位，应当采取措施，防止在处理安全生产事故过程中产生的可能严重污染水体的消防废水、废液直接排入水体。

第七十八条　企业事业单位发生事故或者其他突发性事件，造成或者可能造成水污染事故的，应当立即启动本单位的应急方案，采取隔离等应急措施，防止水污染物进入水体，并向事故发生地的县级以上地方人民政府或者环境保护主管部门报告。环境保护主管部门接到报告后，应当及时向本级人民政府报告，并抄送有关部门。

造成渔业污染事故或者渔业船舶造成水污染事故的，应当向事故发生地的渔业主管部门报告，接受调查处理。其他船舶造成水污染事故的，应当向事故发生地的海事管理机构报告，接受调查处理；给渔业造成损害的，海事管理机构应当通知渔业主管部门参与调查处理。

第七十九条　市、县级人民政府应当组织编制饮用水安全突发事件应急预案。

饮用水供水单位应当根据所在地饮用水安全突发事件应急预案，制定相应的突发事件应急方案，报所在地市、县级人民政府备案，并定期进行演练。

饮用水水源发生水污染事故，或者发生其他可能影响饮用水安全的突发性事件，饮用水供水单位应当采取应急处理措施，向所在地市、县级人民政府报告，并向社会公开。有关人民政府应当根据情况及时启动应急预案，采取有效措施，保障供水安全。

第七章　法律责任

第八十条　环境保护主管部门或者其他依照本法规定行使监督管理权的

部门，不依法作出行政许可或者办理批准文件的，发现违法行为或者接到对违法行为的举报后不予查处的，或者有其他未依照本法规定履行职责的行为的，对直接负责的主管人员和其他直接责任人员依法给予处分。

第八十一条　以拖延、围堵、滞留执法人员等方式拒绝、阻挠环境保护主管部门或者其他依照本法规定行使监督管理权的部门的监督检查，或者在接受监督检查时弄虚作假的，由县级以上人民政府环境保护主管部门或者其他依照本法规定行使监督管理权的部门责令改正，处二万元以上二十万元以下的罚款。

第八十二条　违反本法规定，有下列行为之一的，由县级以上人民政府环境保护主管部门责令限期改正，处二万元以上二十万元以下的罚款；逾期不改正的，责令停产整治：

（一）未按照规定对所排放的水污染物自行监测，或者未保存原始监测记录的；

（二）未按照规定安装水污染物排放自动监测设备，未按照规定与环境保护主管部门的监控设备联网，或者未保证监测设备正常运行的；

（三）未按照规定对有毒有害水污染物的排污口和周边环境进行监测，或者未公开有毒有害水污染物信息的。

第八十三条　违反本法规定，有下列行为之一的，由县级以上人民政府环境保护主管部门责令改正或者责令限制生产、停产整治，并处十万元以上一百万元以下的罚款；情节严重的，报经有批准权的人民政府批准，责令停业、关闭：

（一）未依法取得排污许可证排放水污染物的；

（二）超过水污染物排放标准或者超过重点水污染物排放总量控制指标排放水污染物的；

（三）利用渗井、渗坑、裂隙、溶洞，私设暗管，篡改、伪造监测数据，或者不正常运行水污染防治设施等逃避监管的方式排放水污染物的；

（四）未按照规定进行预处理，向污水集中处理设施排放不符合处理工艺要求的工业废水的。

第八十四条　在饮用水水源保护区内设置排污口的，由县级以上地方人民政府责令限期拆除，处十万元以上五十万元以下的罚款；逾期不拆除的，强制拆除，所需费用由违法者承担，处五十万元以上一百万元以下的罚款，并可以责令停产整治。

除前款规定外，违反法律、行政法规和国务院环境保护主管部门的规定设置排污口的，由县级以上地方人民政府环境保护主管部门责令限期拆除，处二万元以上十万元以下的罚款；逾期不拆除的，强制拆除，所需费用由违法者承担，处十万元以上五十万元以下的罚款；情节严重的，可以责令停产整治。

未经水行政主管部门或者流域管理机构同意，在江河、湖泊新建、改建、扩建排污口的，由县级以上人民政府水行政主管部门或者流域管理机构依据职权，依照前款规定采取措施、给予处罚。

第八十五条 有下列行为之一的，由县级以上地方人民政府环境保护主管部门责令停止违法行为，限期采取治理措施，消除污染，处以罚款；逾期不采取治理措施的，环境保护主管部门可以指定有治理能力的单位代为治理，所需费用由违法者承担：

（一）向水体排放油类、酸液、碱液的；

（二）向水体排放剧毒废液，或者将含有汞、镉、砷、铬、铅、氰化物、黄磷等的可溶性剧毒废渣向水体排放、倾倒或者直接埋入地下的；

（三）在水体清洗装贮过油类、有毒污染物的车辆或者容器的；

（四）向水体排放、倾倒工业废渣、城镇垃圾或者其他废弃物，或者在江河、湖泊、运河、渠道、水库最高水位线以下的滩地、岸坡堆放、存贮固体废弃物或者其他污染物的；

（五）向水体排放、倾倒放射性固体废物或者含有高放射性、中放射性物质的废水的；

（六）违反国家有关规定或者标准，向水体排放含低放射性物质的废水、热废水或者含病原体的污水的；

（七）未采取防渗漏等措施，或者未建设地下水水质监测井进行监测的；

（八）加油站等的地下油罐未使用双层罐或者采取建造防渗池等其他有效措施，或者未进行防渗漏监测的；

（九）未按照规定采取防护性措施，或者利用无防渗漏措施的沟渠、坑塘等输送或者存贮含有毒污染物的废水、含病原体的污水或者其他废弃物的。

有前款第三项、第四项、第六项、第七项、第八项行为之一的，处二万元以上二十万元以下的罚款。有前款第一项、第二项、第五项、第九项行为之一的，处十万元以上一百万元以下的罚款；情节严重的，报经有批准权的人民政府批准，责令停业、关闭。

第八十六条 违反本法规定，生产、销售、进口或者使用列入禁止生产、销售、进口、使用的严重污染水环境的设备名录中的设备，或者采用列入禁止采用的严重污染水环境的工艺名录中的工艺的，由县级以上人民政府经济综合宏观调控部门责令改正，处五万元以上二十万元以下的罚款；情节严重的，由县级以上人民政府经济综合宏观调控部门提出意见，报请本级人民政府责令停业、关闭。

第八十七条　违反本法规定，建设不符合国家产业政策的小型造纸、制革、印染、染料、炼焦、炼硫、炼砷、炼汞、炼油、电镀、农药、石棉、水泥、玻璃、钢铁、火电以及其他严重污染水环境的生产项目的，由所在地的市、县人民政府责令关闭。

第八十八条　城镇污水集中处理设施的运营单位或者污泥处理处置单位，处理处置后的污泥不符合国家标准，或者对污泥去向等未进行记录的，由城镇排水主管部门责令限期采取治理措施，给予警告；造成严重后果的，处十万元以上二十万元以下的罚款；逾期不采取治理措施的，城镇排水主管部门可以指定有治理能力的单位代为治理，所需费用由违法者承担。

第八十九条　船舶未配置相应的防污染设备和器材，或者未持有合法有效的防止水域环境污染的证书与文书的，由海事管理机构、渔业主管部门按照职责分工责令限期改正，处二千元以上二万元以下的罚款；逾期不改正的，责令船舶临时停航。

船舶进行涉及污染物排放的作业，未遵守操作规程或者未在相应的记录簿上如实记载的，由海事管理机构、渔业主管部门按照职责分工责令改正，处二千元以上二万元以下的罚款。

第九十条　违反本法规定，有下列行为之一的，由海事管理机构、渔业主管部门按照职责分工责令停止违法行为，处一万元以上十万元以下的罚款；造成水污染的，责令限期采取治理措施，消除污染，处二万元以上二十万元以下的罚款；逾期不采取治理措施的，海事管理机构、渔业主管部门按照职责分工可以指定有治理能力的单位代为治理，所需费用由船舶承担：

（一）向水体倾倒船舶垃圾或者排放船舶的残油、废油的；

（二）未经作业地海事管理机构批准，船舶进行散装液体污染危害性货物的过驳作业的；

（三）船舶及有关作业单位从事有污染风险的作业活动，未按照规定采取污染防治措施的；

（四）以冲滩方式进行船舶拆解的；

（五）进入中华人民共和国内河的国际航线船舶，排放不符合规定的船舶压载水的。

第九十一条　有下列行为之一的，由县级以上地方人民政府环境保护主管部门责令停止违法行为，处十万元以上五十万元以下的罚款；并报经有批准权的人民政府批准，责令拆除或者关闭：

（一）在饮用水水源一级保护区内新建、改建、扩建与供水设施和保护水源无关的建设项目的；

（二）在饮用水水源二级保护区内新建、改建、扩建排放污染物的建设项目的；

（三）在饮用水水源准保护区内新建、扩建对水体污染严重的建设项目，或者改建建设项目增加排污量的。

在饮用水水源一级保护区内从事网箱养殖或者组织进行旅游、垂钓或者其他可能污染饮用水水体的活动的，由县级以上地方人民政府环境保护主管部门责令停止违法行为，处二万元以上十万元以下的罚款。个人在饮用水水源一级保护区内游泳、垂钓或者从事其他可能污染饮用水水体的活动的，由县级以上地方人民政府环境保护主管部门责令停止违法行为，可以处五百元以下的罚款。

第九十二条　饮用水供水单位供水水质不符合国家规定标准的，由所在地市、县级人民政府供水主管部门责令改正，处二万元以上二十万元以下的罚款；情节严重的，报经有批准权的人民政府批准，可以责令停业整顿；对直接负责的主管人员和其他直接责任人员依法给予处分。

第九十三条　企业事业单位有下列行为之一的，由县级以上人民政府环境保护主管部门责令改正；情节严重的，处二万元以上十万元以下的罚款：

（一）不按照规定制定水污染事故的应急方案的；

（二）水污染事故发生后，未及时启动水污染事故的应急方案，采取有关应急措施的。

第九十四条　企业事业单位违反本法规定，造成水污染事故的，除依法承担赔偿责任外，由县级以上人民政府环境保护主管部门依照本条第二款的规定处以罚款，责令限期采取治理措施，消除污染；未按照要求采取治理措施或者不具备治理能力的，由环境保护主管部门指定有治理能力的单位代为治理，所需费用由违者承担；对造成重大或者特大水污染事故的，还可以报经有批准权的人民政府批准，责令关闭；对直接负责的主管人员和其他直接责任人员可以处上一年度从本单位取得的收入百分之五十以下的罚款；有《中华人民共和国环境保护法》第六十三条规定的违法排放水污染物等行为之一，尚不构成犯罪的，由公安机关对直接负责的主管人员和其他直接责任人员处十日以上十五日以下的拘留；情节较轻的，处五日以上十日以下的拘留。

对造成一般或者较大水污染事故的，按照水污染事故造成的直接损失的百分之二十计算罚款；对造成重大或者特大水污染事故的，按照水污染事故造成的直接损失的百分之三十计算罚款。

造成渔业污染事故或者渔业船舶造成水污染事故的，由渔业主管部门进行处罚；其他船舶造成水污染事故的，由海事管理机构进行处罚。

第九十五条 企业事业单位和其他生产经营者违法排放水污染物，受到罚款处罚，被责令改正的，依法作出处罚决定的行政机关应当组织复查，发现其继续违法排放水污染物或者拒绝、阻挠复查的，依照《中华人民共和国环境保护法》的规定按日连续处罚。

第九十六条 因水污染受到损害的当事人，有权要求排污方排除危害和赔偿损失。

由于不可抗力造成水污染损害的，排污方不承担赔偿责任；法律另有规定的除外。

水污染损害是由受害人故意造成的，排污方不承担赔偿责任。水污染损害是由受害人重大过失造成的，可以减轻排污方的赔偿责任。

水污染损害是由第三人造成的，排污方承担赔偿责任后，有权向第三人追偿。

第九十七条 因水污染引起的损害赔偿责任和赔偿金额的纠纷，可以根据当事人的请求，由环境保护主管部门或者海事管理机构、渔业主管部门按照职责分工调解处理；调解不成的，当事人可以向人民法院提起诉讼。当事人也可以直接向人民法院提起诉讼。

第九十八条 因水污染引起的损害赔偿诉讼，由排污方就法律规定的免责事由及其行为与损害结果之间不存在因果关系承担举证责任。

第九十九条 因水污染受到损害的当事人人数众多的，可以依法由当事人推选代表人进行共同诉讼。

环境保护主管部门和有关社会团体可以依法支持因水污染受到损害的当事人向人民法院提起诉讼。

国家鼓励法律服务机构和律师为水污染损害诉讼中的受害人提供法律援助。

第一百条 因水污染引起的损害赔偿责任和赔偿金额的纠纷，当事人可以委托环境监测机构提供监测数据。环境监测机构应当接受委托，如实提供有关监测数据。

第一百零一条 违反本法规定，构成犯罪的，依法追究刑事责任。

第八章　附　　则

第一百零二条 本法中下列用语的含义：

（一）水污染，是指水体因某种物质的介入，而导致其化学、物理、生物或者放射性等方面特性的改变，从而影响水的有效利用，危害人体健康或者破坏生态环境，造成水质恶化的现象。

（二）水污染物，是指直接或者间接向水体排放的，能导致水体污染的物质。

（三）有毒污染物，是指那些直接或者间接被生物摄入体内后，可能导致该生物或者其后代发病、行为反常、遗传异变、生理机能失常、机体变形或者死亡的污染物。

（四）污泥，是指污水处理过程中产生的半固态或者固态物质。

（五）渔业水体，是指划定的鱼虾类的产卵场、索饵场、越冬场、洄游通道和鱼虾贝藻类的养殖场的水体。

第一百零三条 本法自 2008 年 6 月 1 日起施行。

中华人民共和国
固体废物污染环境防治法

(1995 年 10 月 30 日第八届全国人民代表大会常务委员会第十六次会议通过　2004 年 12 月 29 日第十届全国人民代表大会常务委员会第十三次会议修订　根据 2013 年 6 月 29 日第十二届全国人民代表大会常务委员会第三次会议《关于修改〈中华人民共和国文物保护法〉等十二部法律的决定》第一次修正　根据 2015 年 4 月 24 日第十二届全国人民代表大会常务委员会第十四次会议《关于修改〈中华人民共和国港口法〉等七部法律的决定》第二次修正　根据 2016 年 11 月 7 日第十二届全国人民代表大会常务委员会第二十四次会议《关于修改〈中华人民共和国对外贸易法〉等十二部法律的决定》第三次修正)

第一章　总　　则

第一条　为了防治固体废物污染环境，保障人体健康，维护生态安全，促进经济社会可持续发展，制定本法。

第二条　本法适用于中华人民共和国境内固体废物污染环境的防治。

固体废物污染海洋环境的防治和放射性固体废物污染环境的防治不适用本法。

第三条　国家对固体废物污染环境的防治，实行减少固体废物的产生量和危害性、充分合理利用固体废物和无害化处置固体废物的原则，促进清洁生产和循环经济发展。

国家采取有利于固体废物综合利用活动的经济、技术政策和措施，对固体废物实行充分回收和合理利用。

国家鼓励、支持采取有利于保护环境的集中处置固体废物的措施，促进固体废物污染环境防治产业发展。

第四条　县级以上人民政府应当将固体废物污染环境防治工作纳入国民经济和社会发展计划，并采取有利于固体废物污染环境防治的经济、技术政策和措施。

国务院有关部门、县级以上地方人民政府及其有关部门组织编制城乡建设、土地利用、区域开发、产业发展等规划，应当统筹考虑减少固体废物的产生量和危害性、促进固体废物的综合利用和无害化处置。

第五条 国家对固体废物污染环境防治实行污染者依法负责的原则。

产品的生产者、销售者、进口者、使用者对其产生的固体废物依法承担污染防治责任。

第六条 国家鼓励、支持固体废物污染环境防治的科学研究、技术开发、推广先进的防治技术和普及固体废物污染环境防治的科学知识。

各级人民政府应当加强防治固体废物污染环境的宣传教育，倡导有利于环境保护的生产方式和生活方式。

第七条 国家鼓励单位和个人购买、使用再生产品和可重复利用产品。

第八条 各级人民政府对在固体废物污染环境防治工作以及相关的综合利用活动中作出显著成绩的单位和个人给予奖励。

第九条 任何单位和个人都有保护环境的义务，并有权对造成固体废物污染环境的单位和个人进行检举和控告。

第十条 国务院环境保护行政主管部门对全国固体废物污染环境的防治工作实施统一监督管理。国务院有关部门在各自的职责范围内负责固体废物污染环境防治的监督管理工作。

县级以上地方人民政府环境保护行政主管部门对本行政区域内固体废物污染环境的防治工作实施统一监督管理。县级以上地方人民政府有关部门在各自的职责范围内负责固体废物污染环境防治的监督管理工作。

国务院建设行政主管部门和县级以上地方人民政府环境卫生行政主管部门负责生活垃圾清扫、收集、贮存、运输和处置的监督管理工作。

第二章　固体废物污染环境防治的监督管理

第十一条 国务院环境保护行政主管部门会同国务院有关行政主管部门根据国家环境质量标准和国家经济、技术条件，制定国家固体废物污染环境防治技术标准。

第十二条 国务院环境保护行政主管部门建立固体废物污染环境监测制度，制定统一的监测规范，并会同有关部门组织监测网络。

大、中城市人民政府环境保护行政主管部门应当定期发布固体废物的种类、产生量、处置状况等信息。

第十三条 建设产生固体废物的项目以及建设贮存、利用、处置固体废物的项目，必须依法进行环境影响评价，并遵守国家有关建设项目环境保护管理的规定。

第十四条 建设项目的环境影响评价文件确定需要配套建设的固体废物污染环境防治设施，必须与主体工程同时设计、同时施工、同时投入使用。固体废物污染环境防治设施必须经原审批环境影响评价文件的环境保护行政主管部门验收合格后，该建设项目方可投入生产或者使用。对固体废物污染环境防治设施的验收应当与对主体工程的验收同时进行。

第十五条 县级以上人民政府环境保护行政主管部门和其他固体废物污染环境防治工作的监督管理部门，有权依据各自的职责对管辖范围内与固体废物污染环境防治有关的单位进行现场检查。被检查的单位应当如实反映情况，提供必要的资料。检查机关应当为被检查的单位保守技术秘密和业务秘密。

检查机关进行现场检查时，可以采取现场监测、采集样品、查阅或者复制与固体废物污染环境防治相关的资料等措施。检查人员进行现场检查，应当出示证件。

第三章　固体废物污染环境的防治

第一节　一般规定

第十六条 产生固体废物的单位和个人，应当采取措施，防止或者减少固体废物对环境的污染。

第十七条 收集、贮存、运输、利用、处置固体废物的单位和个人，必须采取防扬散、防流失、防渗漏或者其他防止污染环境的措施；不得擅自倾倒、堆放、丢弃、遗撒固体废物。

禁止任何单位或者个人向江河、湖泊、运河、渠道、水库及其最高水位线以下的滩地和岸坡等法律、法规规定禁止倾倒、堆放废弃物的地点倾倒、堆放固体废物。

第十八条 产品和包装物的设计、制造，应当遵守国家有关清洁生产的规定。国务院标准化行政主管部门应当根据国家经济和技术条件、固体废物污染环境防治状况以及产品的技术要求，组织制定有关标准，防止过度包装造成环境污染。

生产、销售、进口依法被列入强制回收目录的产品和包装物的企业，必须按照国家有关规定对该产品和包装物进行回收。

第十九条 国家鼓励科研、生产单位研究、生产易回收利用、易处置或者在环境中可降解的薄膜覆盖物和商品包装物。

使用农用薄膜的单位和个人，应当采取回收利用等措施，防止或者减少农用薄膜对环境的污染。

第二十条 从事畜禽规模养殖应当按照国家有关规定收集、贮存、利用或者处置养殖过程中产生的畜禽粪便，防止污染环境。

禁止在人口集中地区、机场周围、交通干线附近以及当地人民政府划定的区域露天焚烧秸秆。

第二十一条 对收集、贮存、运输、处置固体废物的设施、设备和场所，应当加强管理和维护，保证其正常运行和使用。

第二十二条 在国务院和国务院有关主管部门及省、自治区、直辖市人民政府划定的自然保护区、风景名胜区、饮用水水源保护区、基本农田保护区和其他需要特别保护的区域内，禁止建设工业固体废物集中贮存、处置的设施、场所和生活垃圾填埋场。

第二十三条 转移固体废物出省、自治区、直辖市行政区域贮存、处置的，应当向固体废物移出地的省、自治区、直辖市人民政府环境保护行政主管部门提出申请。移出地的省、自治区、直辖市人民政府环境保护行政主管部门应当商经接受地的省、自治区、直辖市人民政府环境保护行政主管部门同意后，方可批准转移该固体废物出省、自治区、直辖市行政区域。未经批准的，不得转移。

第二十四条 禁止中华人民共和国境外的固体废物进境倾倒、堆放、处置。

第二十五条 禁止进口不能用作原料或者不能以无害化方式利用的固体废物；对可以用作原料的固体废物实行限制进口和非限制进口分类管理。

国务院环境保护行政主管部门会同国务院对外贸易主管部门、国务院经济综合宏观调控部门、海关总署、国务院质量监督检验检疫部门制定、调整并公布禁止进口、限制进口和非限制进口的固体废物目录。

禁止进口列入禁止进口目录的固体废物。进口列入限制进口目录的固体废物，应当经国务院环境保护行政主管部门会同国务院对外贸易主管部门审查许可。

进口的固体废物必须符合国家环境保护标准，并经质量监督检验检疫部门检验合格。

进口固体废物的具体管理办法，由国务院环境保护行政主管部门会同国务院对外贸易主管部门、国务院经济综合宏观调控部门、海关总署、国务院质量监督检验检疫部门制定。

第二十六条　进口者对海关将其所进口的货物纳入固体废物管理范围不服的，可以依法申请行政复议，也可以向人民法院提起行政诉讼。

第二节　工业固体废物污染环境的防治

第二十七条　国务院环境保护行政主管部门应当会同国务院经济综合宏观调控部门和其他有关部门对工业固体废物对环境的污染作出界定，制定防治工业固体废物污染环境的技术政策，组织推广先进的防治工业固体废物污染环境的生产工艺和设备。

第二十八条　国务院经济综合宏观调控部门应当会同国务院有关部门组织研究、开发和推广减少工业固体废物产生量和危害性的生产工艺和设备，公布限期淘汰产生严重污染环境的工业固体废物的落后生产工艺、落后设备的名录。

生产者、销售者、进口者、使用者必须在国务院经济综合宏观调控部门会同国务院有关部门规定的期限内分别停止生产、销售、进口或者使用列入前款规定的名录中的设备。生产工艺的采用者必须在国务院经济综合宏观调控部门会同国务院有关部门规定的期限内停止采用列入前款规定的名录中的工艺。

列入限期淘汰名录被淘汰的设备，不得转让给他人使用。

第二十九条　县级以上人民政府有关部门应当制定工业固体废物污染环境防治工作规划，推广能够减少工业固体废物产生量和危害性的先进生产工艺和设备，推动工业固体废物污染环境防治工作。

第三十条　产生工业固体废物的单位应当建立、健全污染环境防治责任制度，采取防治工业固体废物污染环境的措施。

第三十一条　企业事业单位应当合理选择和利用原材料、能源和其他资源，采用先进的生产工艺和设备，减少工业固体废物产生量，降低工业固体废物的危害性。

第三十二条　国家实行工业固体废物申报登记制度。

产生工业固体废物的单位必须按照国务院环境保护行政主管部门的规

定，向所在地县级以上地方人民政府环境保护行政主管部门提供工业固体废物的种类、产生量、流向、贮存、处置等有关资料。

前款规定的申报事项有重大改变的，应当及时申报。

第三十三条 企业事业单位应当根据经济、技术条件对其产生的工业固体废物加以利用；对暂时不利用或者不能利用的，必须按照国务院环境保护行政主管部门的规定建设贮存设施、场所，安全分类存放，或者采取无害化处置措施。

建设工业固体废物贮存、处置的设施、场所，必须符合国家环境保护标准。

第三十四条 禁止擅自关闭、闲置或者拆除工业固体废物污染环境防治设施、场所；确有必要关闭、闲置或者拆除的，必须经所在地县级以上地方人民政府环境保护行政主管部门核准，并采取措施，防止污染环境。

第三十五条 产生工业固体废物的单位需要终止的，应当事先对工业固体废物的贮存、处置的设施、场所采取污染防治措施，并对未处置的工业固体废物作出妥善处置，防止污染环境。

产生工业固体废物的单位发生变更的，变更后的单位应当按照国家有关环境保护的规定对未处置的工业固体废物及其贮存、处置的设施、场所进行安全处置或者采取措施保证该设施、场所安全运行。变更前当事人对工业固体废物及其贮存、处置的设施、场所的污染防治责任另有约定的，从其约定；但是，不得免除当事人的污染防治义务。

对本法施行前已经终止的单位未处置的工业固体废物及其贮存、处置的设施、场所进行安全处置的费用，由有关人民政府承担；但是，该单位享有的土地使用权依法转让的，应当由土地使用权受让人承担处置费用。当事人另有约定的，从其约定；但是，不得免除当事人的污染防治义务。

第三十六条 矿山企业应当采取科学的开采方法和选矿工艺，减少尾矿、矸石、废石等矿业固体废物的产生量和贮存量。

尾矿、矸石、废石等矿业固体废物贮存设施停止使用后，矿山企业应当按照国家有关环境保护规定进行封场，防止造成环境污染和生态破坏。

第三十七条 拆解、利用、处置废弃电器产品和废弃机动车船，应当遵守有关法律、法规的规定，采取措施，防止污染环境。

第三节 生活垃圾污染环境的防治

第三十八条 县级以上人民政府应当统筹安排建设城乡生活垃圾收集、

运输、处置设施，提高生活垃圾的利用率和无害化处置率，促进生活垃圾收集、处置的产业化发展，逐步建立和完善生活垃圾污染环境防治的社会服务体系。

第三十九条　县级以上地方人民政府环境卫生行政主管部门应当组织对城市生活垃圾进行清扫、收集、运输和处置，可以通过招标等方式选择具备条件的单位从事生活垃圾的清扫、收集、运输和处置。

第四十条　对城市生活垃圾应当按照环境卫生行政主管部门的规定，在指定的地点放置，不得随意倾倒、抛撒或者堆放。

第四十一条　清扫、收集、运输、处置城市生活垃圾，应当遵守国家有关环境保护和环境卫生管理的规定，防止污染环境。

第四十二条　对城市生活垃圾应当及时清运，逐步做到分类收集和运输，并积极开展合理利用和实施无害化处置。

第四十三条　城市人民政府应当有计划地改进燃料结构，发展城市煤气、天然气、液化气和其他清洁能源。

城市人民政府有关部门应当组织净菜进城，减少城市生活垃圾。

城市人民政府有关部门应当统筹规划，合理安排收购网点，促进生活垃圾的回收利用工作。

第四十四条　建设生活垃圾处置的设施、场所，必须符合国务院环境保护行政主管部门和国务院建设行政主管部门规定的环境保护和环境卫生标准。

禁止擅自关闭、闲置或者拆除生活垃圾处置的设施、场所；确有必要关闭、闲置或者拆除的，必须经所在地的市、县级人民政府环境卫生行政主管部门商所在地环境保护行政主管部门同意后核准，并采取措施，防止污染环境。

第四十五条　从生活垃圾中回收的物质必须按照国家规定的用途或者标准使用，不得用于生产可能危害人体健康的产品。

第四十六条　工程施工单位应当及时清运工程施工过程中产生的固体废物，并按环境卫生行政主管部门的规定进行利用或者处置。

第四十七条　从事公共交通运输的经营单位，应当按照国家有关规定，清扫、收集运输过程中产生的生活垃圾。

第四十八条　从事城市新区开发、旧区改建和住宅小区开发建设的单位，以及机场、码头、车站、公园、商店等公共设施、场所的经营管理单位，应当按照国家有关环境卫生的规定，配套建设生活垃圾收集设施。

第四十九条　农村生活垃圾污染环境防治的具体办法，由地方性法规规定。

第四章　危险废物污染环境
防治的特别规定

第五十条　危险废物污染环境的防治，适用本章规定；本章未作规定的，适用本法其他有关规定。

第五十一条　国务院环境保护行政主管部门应当会同国务院有关部门制定国家危险废物名录，规定统一的危险废物鉴别标准、鉴别方法和识别标志。

第五十二条　对危险废物的容器和包装物以及收集、贮存、运输、处置危险废物的设施、场所，必须设置危险废物识别标志。

第五十三条　产生危险废物的单位，必须按照国家有关规定制定危险废物管理计划，并向所在地县级以上地方人民政府环境保护行政主管部门申报危险废物的种类、产生量、流向、贮存、处置等有关资料。

前款所称危险废物管理计划应当包括减少危险废物产生量和危害性的措施以及危险废物贮存、利用、处置措施。危险废物管理计划应当报产生危险废物的单位所在地县级以上地方人民政府环境保护行政主管部门备案。

本条规定的申报事项或者危险废物管理计划内容有重大改变的，应当及时申报。

第五十四条　国务院环境保护行政主管部门会同国务院经济综合宏观调控部门组织编制危险废物集中处置设施、场所的建设规划，报国务院批准后实施。

县级以上地方人民政府应当依据危险废物集中处置设施、场所的建设规划组织建设危险废物集中处置设施、场所。

第五十五条　产生危险废物的单位，必须按照国家有关规定处置危险废物，不得擅自倾倒、堆放；不处置的，由所在地县级以上地方人民政府环境保护行政主管部门责令限期改正；逾期不处置或者处置不符合国家有关规定的，由所在地县级以上地方人民政府环境保护行政主管部门指定单位按照国家有关规定代为处置，处置费用由产生危险废物的单位承担。

第五十六条　以填埋方式处置危险废物不符合国务院环境保护行政主管部门规定的，应当缴纳危险废物排污费。危险废物排污费征收的具体办法由国务院规定。

危险废物排污费用于污染环境的防治，不得挪作他用。

第五十七条 从事收集、贮存、处置危险废物经营活动的单位，必须向县级以上人民政府环境保护行政主管部门申请领取经营许可证；从事利用危险废物经营活动的单位，必须向国务院环境保护行政主管部门或者省、自治区、直辖市人民政府环境保护行政主管部门申请领取经营许可证。具体管理办法由国务院规定。

禁止无经营许可证或者不按照经营许可证规定从事危险废物收集、贮存、利用、处置的经营活动。

禁止将危险废物提供或者委托给无经营许可证的单位从事收集、贮存、利用、处置的经营活动。

第五十八条 收集、贮存危险废物，必须按照危险废物特性分类进行。禁止混合收集、贮存、运输、处置性质不相容而未经安全性处置的危险废物。

贮存危险废物必须采取符合国家环境保护标准的防护措施，并不得超过一年；确需延长期限的，必须报经原批准经营许可证的环境保护行政主管部门批准；法律、行政法规另有规定的除外。

禁止将危险废物混入非危险废物中贮存。

第五十九条 转移危险废物的，必须按照国家有关规定填写危险废物转移联单。跨省、自治区、直辖市转移危险废物的，应当向危险废物移出地省、自治区、直辖市人民政府环境保护行政主管部门申请。移出地省、自治区、直辖市人民政府环境保护行政主管部门应当商经接受地省、自治区、直辖市人民政府环境保护行政主管部门同意后，方可批准转移该危险废物。未经批准的，不得转移。

转移危险废物途经移出地、接受地以外行政区域的，危险废物移出地设区的市级以上地方人民政府环境保护行政主管部门应当及时通知沿途经过的设区的市级以上地方人民政府环境保护行政主管部门。

第六十条 运输危险废物，必须采取防止污染环境的措施，并遵守国家有关危险货物运输管理的规定。

禁止将危险废物与旅客在同一运输工具上载运。

第六十一条 收集、贮存、运输、处置危险废物的场所、设施、设备和容器、包装物及其他物品转作他用时，必须经过消除污染的处理，方可使用。

第六十二条　产生、收集、贮存、运输、利用、处置危险废物的单位，应当制定意外事故的防范措施和应急预案，并向所在地县级以上地方人民政府环境保护行政主管部门备案；环境保护行政主管部门应当进行检查。

第六十三条　因发生事故或者其他突发性事件，造成危险废物严重污染环境的单位，必须立即采取措施消除或者减轻对环境的污染危害，及时通报可能受到污染危害的单位和居民，并向所在地县级以上地方人民政府环境保护行政主管部门和有关部门报告，接受调查处理。

第六十四条　在发生或者有证据证明可能发生危险废物严重污染环境、威胁居民生命财产安全时，县级以上地方人民政府环境保护行政主管部门或者其他固体废物污染环境防治工作的监督管理部门必须立即向本级人民政府和上一级人民政府有关行政主管部门报告，由人民政府采取防止或者减轻危害的有效措施。有关人民政府可以根据需要责令停止导致或者可能导致环境污染事故的作业。

第六十五条　重点危险废物集中处置设施、场所的退役费用应当预提，列入投资概算或者经营成本。具体提取和管理办法，由国务院财政部门、价格主管部门会同国务院环境保护行政主管部门规定。

第六十六条　禁止经中华人民共和国过境转移危险废物。

第五章　法　律　责　任

第六十七条　县级以上人民政府环境保护行政主管部门或者其他固体废物污染环境防治工作的监督管理部门违反本法规定，有下列行为之一的，由本级人民政府或者上级人民政府有关行政主管部门责令改正，对负有责任的主管人员和其他直接责任人员依法给予行政处分；构成犯罪的，依法追究刑事责任：

（一）不依法作出行政许可或者办理批准文件的；

（二）发现违法行为或者接到对违法行为的举报后不予查处的；

（三）有不依法履行监督管理职责的其他行为的。

第六十八条　违反本法规定，有下列行为之一的，由县级以上人民政府环境保护行政主管部门责令停止违法行为，限期改正，处以罚款：

（一）不按照国家规定申报登记工业固体废物，或者在申报登记时弄虚作假的；

（二）对暂时不利用或者不能利用的工业固体废物未建设贮存的设施、

场所安全分类存放，或者未采取无害化处置措施的；

（三）将列入限期淘汰名录被淘汰的设备转让给他人使用的；

（四）擅自关闭、闲置或者拆除工业固体废物污染环境防治设施、场所的；

（五）在自然保护区、风景名胜区、饮用水水源保护区、基本农田保护区和其他需要特别保护的区域内，建设工业固体废物集中贮存、处置的设施、场所和生活垃圾填埋场的；

（六）擅自转移固体废物出省、自治区、直辖市行政区域贮存、处置的；

（七）未采取相应防范措施，造成工业固体废物扬散、流失、渗漏或者造成其他环境污染的；

（八）在运输过程中沿途丢弃、遗撒工业固体废物的。

有前款第一项、第八项行为之一的，处五千元以上五万元以下的罚款；有前款第二项、第三项、第四项、第五项、第六项、第七项行为之一的，处一万元以上十万元以下的罚款。

第六十九条　违反本法规定，建设项目需要配套建设的固体废物污染环境防治设施未建成、未经验收或者验收不合格，主体工程即投入生产或者使用的，由审批该建设项目环境影响评价文件的环境保护行政主管部门责令停止生产或者使用，可以并处十万元以下的罚款。

第七十条　违反本法规定，拒绝县级以上人民政府环境保护行政主管部门或者其他固体废物污染环境防治工作的监督管理部门现场检查的，由执行现场检查的部门责令限期改正；拒不改正或者在检查时弄虚作假的，处二千元以上二万元以下的罚款。

第七十一条　从事畜禽规模养殖未按照国家有关规定收集、贮存、处置畜禽粪便，造成环境污染的，由县级以上地方人民政府环境保护行政主管部门责令限期改正，可以处五万元以下的罚款。

第七十二条　违反本法规定，生产、销售、进口或者使用淘汰的设备，或者采用淘汰的生产工艺的，由县级以上人民政府经济综合宏观调控部门责令改正；情节严重的，由县级以上人民政府经济综合宏观调控部门提出意见，报请同级人民政府按照国务院规定的权限决定停业或者关闭。

第七十三条　尾矿、矸石、废石等矿业固体废物贮存设施停止使用后，未按照国家有关环境保护规定进行封场的，由县级以上地方人民政府环境保护行政主管部门责令限期改正，可以处五万元以上二十万元以下的罚款。

第七十四条　违反本法有关城市生活垃圾污染环境防治的规定，有下列行为之一的，由县级以上地方人民政府环境卫生行政主管部门责令停止违法行为，限期改正，处以罚款：

（一）随意倾倒、抛撒或者堆放生活垃圾的；

（二）擅自关闭、闲置或者拆除生活垃圾处置设施、场所的；

（三）工程施工单位不及时清运施工过程中产生的固体废物，造成环境污染的；

（四）工程施工单位不按照环境卫生行政主管部门的规定对施工过程中产生的固体废物进行利用或者处置的；

（五）在运输过程中沿途丢弃、遗撒生活垃圾的。

单位有前款第一项、第三项、第五项行为之一的，处五千元以上五万元以下的罚款；有前款第二项、第四项行为之一的，处一万元以上十万元以下的罚款。个人有前款第一项、第五项行为之一的，处二百元以下的罚款。

第七十五条 违反本法有关危险废物污染环境防治的规定，有下列行为之一的，由县级以上人民政府环境保护行政主管部门责令停止违法行为，限期改正，处以罚款：

（一）不设置危险废物识别标志的；

（二）不按照国家规定申报登记危险废物，或者在申报登记时弄虚作假的；

（三）擅自关闭、闲置或者拆除危险废物集中处置设施、场所的；

（四）不按照国家规定缴纳危险废物排污费的；

（五）将危险废物提供或者委托给无经营许可证的单位从事经营活动的；

（六）不按照国家规定填写危险废物转移联单或者未经批准擅自转移危险废物的；

（七）将危险废物混入非危险废物中贮存的；

（八）未经安全性处置，混合收集、贮存、运输、处置具有不相容性质的危险废物的；

（九）将危险废物与旅客在同一运输工具上载运的；

（十）未经消除污染的处理将收集、贮存、运输、处置危险废物的场所、设施、设备和容器、包装物及其他物品转作他用的；

（十一）未采取相应防范措施，造成危险废物扬散、流失、渗漏或者造成其他环境污染的；

（十二）在运输过程中沿途丢弃、遗撒危险废物的；

（十三）未制定危险废物意外事故防范措施和应急预案的。

有前款第一项、第二项、第七项、第八项、第九项、第十项、第十一项、第十二项、第十三项行为之一的，处一万元以上十万元以下的罚款；有前款第三项、第五项、第六项行为之一的，处二万元以上二十万元以下的罚款；有前款第四项行为的，限期缴纳，逾期不缴纳的，处应缴纳危险废物排污费金额一倍以上三倍以下的罚款。

第七十六条 违反本法规定，危险废物产生者不处置其产生的危险废物又不承担依法应当承担的处置费用的，由县级以上地方人民政府环境保护行政主管部门责令限期改正，处代为处置费用一倍以上三倍以下的罚款。

第七十七条 无经营许可证或者不按照经营许可证规定从事收集、贮存、利用、处置危险废物经营活动的，由县级以上人民政府环境保护行政主管部门责令停止违法行为，没收违法所得，可以并处违法所得三倍以下的罚款。

不按照经营许可证规定从事前款活动的，还可以由发证机关吊销经营许可证。

第七十八条 违反本法规定，将中华人民共和国境外的固体废物进境倾倒、堆放、处置的，进口属于禁止进口的固体废物或者未经许可擅自进口属于限制进口的固体废物用作原料的，由海关责令退运该固体废物，可以并处十万元以上一百万元以下的罚款；构成犯罪的，依法追究刑事责任。进口者不明的，由承运人承担退运该固体废物的责任，或者承担该固体废物的处置费用。

逃避海关监管将中华人民共和国境外的固体废物运输进境，构成犯罪的，依法追究刑事责任。

第七十九条 违反本法规定，经中华人民共和国过境转移危险废物的，由海关责令退运该危险废物，可以并处五万元以上五十万元以下的罚款。

第八十条 对已经非法入境的固体废物，由省级以上人民政府环境保护行政主管部门依法向海关提出处理意见，海关应当依照本法第七十八条的规定作出处罚决定；已经造成环境污染的，由省级以上人民政府环境保护行政主管部门责令进口者消除污染。

第八十一条 违反本法规定，造成固体废物严重污染环境的，由县级以上人民政府环境保护行政主管部门按照国务院规定的权限决定限期治理；逾期未完成治理任务的，由本级人民政府决定停业或者关闭。

第八十二条 违反本法规定，造成固体废物污染环境事故的，由县级以上人民政府环境保护行政主管部门处二万元以上二十万元以下的罚款；造成重大损失的，按照直接损失的百分之三十计算罚款，但是最高不超过一百万元，对负有责任的主管人员和其他直接责任人员，依法给予行政处分；造成固体废物污染环境重大事故的，并由县级以上人民政府按照国务院规定的权限决定停业或者关闭。

第八十三条　违反本法规定，收集、贮存、利用、处置危险废物，造成重大环境污染事故，构成犯罪的，依法追究刑事责任。

第八十四条　受到固体废物污染损害的单位和个人，有权要求依法赔偿损失。

赔偿责任和赔偿金额的纠纷，可以根据当事人的请求，由环境保护行政主管部门或者其他固体废物污染环境防治工作的监督管理部门调解处理；调解不成的，当事人可以向人民法院提起诉讼。当事人也可以直接向人民法院提起诉讼。

国家鼓励法律服务机构对固体废物污染环境诉讼中的受害人提供法律援助。

第八十五条　造成固体废物污染环境的，应当排除危害，依法赔偿损失，并采取措施恢复环境原状。

第八十六条　因固体废物污染环境引起的损害赔偿诉讼，由加害人就法律规定的免责事由及其行为与损害结果之间不存在因果关系承担举证责任。

第八十七条　固体废物污染环境的损害赔偿责任和赔偿金额的纠纷，当事人可以委托环境监测机构提供监测数据。环境监测机构应当接受委托，如实提供有关监测数据。

第六章　附　　则

第八十八条　本法下列用语的含义：

（一）固体废物，是指在生产、生活和其他活动中产生的丧失原有利用价值或者虽未丧失利用价值但被抛弃或者放弃的固态、半固态和置于容器中的气态的物品、物质以及法律、行政法规规定纳入固体废物管理的物品、物质。

（二）工业固体废物，是指在工业生产活动中产生的固体废物。

（三）生活垃圾，是指在日常生活中或者为日常生活提供服务的活动中产生的固体废物以及法律、行政法规规定视为生活垃圾的固体废物。

（四）危险废物，是指列入国家危险废物名录或者根据国家规定的危险废物鉴别标准和鉴别方法认定的具有危险特性的固体废物。

（五）贮存，是指将固体废物临时置于特定设施或者场所中的活动。

（六）处置，是指将固体废物焚烧和用其他改变固体废物的物理、化学、生物特性的方法，达到减少已产生的固体废物数量、缩小固体废物体积、减少或者消除其危险成份的活动，或者将固体废物最终置于符合环境保护规定要求的填埋场的活动。

（七）利用，是指从固体废物中提取物质作为原材料或者燃料的活动。

第八十九条　液态废物的污染防治，适用本法；但是，排入水体的废水的污染防治适用有关法律，不适用本法。

第九十条　中华人民共和国缔结或者参加的与固体废物污染环境防治有关的国际条约与本法有不同规定的，适用国际条约的规定；但是，中华人民共和国声明保留的条款除外。

第九十一条　本法自 2005 年 4 月 1 日起施行。

企业事业单位环境信息公开办法

（2014 年 12 月 19 日环境保护部令第 31 号公布　自 2015 年 1 月 1 日起施行）

第一条　为维护公民、法人和其他组织依法享有获取环境信息的权利，促进企业事业单位如实向社会公开环境信息，推动公众参与和监督环境保护，根据《中华人民共和国环境保护法》、《企业信息公示暂行条例》等有关法律法规，制定本办法。

第二条　环境保护部负责指导、监督全国企业事业单位环境信息公开工作。

县级以上环境保护主管部门负责指导、监督本行政区域内的企业事业单位环境信息公开工作。

第三条　企业事业单位应当按照强制公开和自愿公开相结合的原则，及时、如实地公开其环境信息。

第四条　环境保护主管部门应当建立健全指导、监督企业事业单位环境信息公开工作制度。环境保护主管部门开展指导、监督企业事业单位环境信息公开工作所需经费，应当列入本部门的行政经费预算。

有条件的环境保护主管部门可以建设企业事业单位环境信息公开平台。

企业事业单位应当建立健全本单位环境信息公开制度，指定机构负责本单位环境信息公开日常工作。

第五条 环境保护主管部门应当根据企业事业单位公开的环境信息及政府部门环境监管信息，建立企业事业单位环境行为信用评价制度。

第六条 企业事业单位环境信息涉及国家秘密、商业秘密或者个人隐私的，依法可以不公开；法律、法规另有规定的，从其规定。

第七条 设区的市级人民政府环境保护主管部门应当于每年3月底前确定本行政区域内重点排污单位名录，并通过政府网站、报刊、广播、电视等便于公众知晓的方式公布。

环境保护主管部门确定重点排污单位名录时，应当综合考虑本行政区域的环境容量、重点污染物排放总量控制指标的要求，以及企业事业单位排放污染物的种类、数量和浓度等因素。

第八条 具备下列条件之一的企业事业单位，应当列入重点排污单位名录：

（一）被设区的市级以上人民政府环境保护主管部门确定为重点监控企业的；

（二）具有试验、分析、检测等功能的化学、医药、生物类省级重点以上实验室、二级以上医院、污染物集中处置单位等污染物排放行为引起社会广泛关注的或者可能对环境敏感区造成较大影响的；

（三）三年内发生较大以上突发环境事件或者因环境污染问题造成重大社会影响的；

（四）其他有必要列入的情形。

第九条 重点排污单位应当公开下列信息：

（一）基础信息，包括单位名称、组织机构代码、法定代表人、生产地址、联系方式，以及生产经营和管理服务的主要内容、产品及规模；

（二）排污信息，包括主要污染物及特征污染物的名称、排放方式、排放口数量和分布情况、排放浓度和总量、超标情况，以及执行的污染物排放标准、核定的排放总量；

（三）防治污染设施的建设和运行情况；

（四）建设项目环境影响评价及其他环境保护行政许可情况；

（五）突发环境事件应急预案；

（六）其他应当公开的环境信息。

列入国家重点监控企业名单的重点排污单位还应当公开其环境自行监测方案。

第十条 重点排污单位应当通过其网站、企业事业单位环境信息公开平台或者当地报刊等便于公众知晓的方式公开环境信息,同时可以采取以下一种或者几种方式予以公开:

(一)公告或者公开发行的信息专刊;

(二)广播、电视等新闻媒体;

(三)信息公开服务、监督热线电话;

(四)本单位的资料索取点、信息公开栏、信息亭、电子屏幕、电子触摸屏等场所或者设施;

(五)其他便于公众及时、准确获得信息的方式。

第十一条 重点排污单位应当在环境保护主管部门公布重点排污单位名录后九十日内公开本办法第九条规定的环境信息;环境信息有新生成或者发生变更情形的,重点排污单位应当自环境信息生成或者变更之日起三十日内予以公开。法律、法规另有规定的,从其规定。

第十二条 重点排污单位之外的企业事业单位可以参照本办法第九条、第十条和第十一条的规定公开其环境信息。

第十三条 国家鼓励企业事业单位自愿公开有利于保护生态、防治污染、履行社会环境责任的相关信息。

第十四条 环境保护主管部门有权对重点排污单位环境信息公开活动进行监督检查。被检查者应当如实反映情况,提供必要的资料。

第十五条 环境保护主管部门应当宣传和引导公众监督企业事业单位环境信息公开工作。

公民、法人和其他组织发现重点排污单位未依法公开环境信息的,有权向环境保护主管部门举报。接受举报的环境保护主管部门应当对举报人的相关信息予以保密,保护举报人的合法权益。

第十六条 重点排污单位违反本办法规定,有下列行为之一的,由县级以上环境保护主管部门根据《中华人民共和国环境保护法》的规定责令公开,处三万元以下罚款,并予以公告:

(一)不公开或者不按照本办法第九条规定的内容公开环境信息的;

(二)不按照本办法第十条规定的方式公开环境信息的;

(三)不按照本办法第十一条规定的时限公开环境信息的;

(四)公开内容不真实、弄虚作假的。

法律、法规另有规定的，从其规定。

第十七条　本办法由国务院环境保护主管部门负责解释。

第十八条　本办法自 2015 年 1 月 1 日起施行。

环境保护主管部门实施限制
生产、停产整治办法

（2014 年 12 月 19 日环境保护部令第 30 号公布　自 2015 年 1 月 1 日起施行）

第一章　总　　则

第一条　为规范实施限制生产、停产整治措施，依据《中华人民共和国环境保护法》，制定本办法。

第二条　县级以上环境保护主管部门对超过污染物排放标准或者超过重点污染物排放总量控制指标排放污染物的企业事业单位和其他生产经营者（以下称排污者），责令采取限制生产、停产整治措施的，适用本办法。

第三条　环境保护主管部门作出限制生产、停产整治决定时，应当责令排污者改正或者限期改正违法行为，并依法实施行政处罚。

第四条　环境保护主管部门实施限制生产、停产整治的，应当依法向社会公开限制生产、停产整治决定，限制生产延期情况和解除限制生产、停产整治的日期等相关信息。

第二章　适用范围

第五条　排污者超过污染物排放标准或者超过重点污染物日最高允许排放总量控制指标的，环境保护主管部门可以责令其采取限制生产措施。

第六条　排污者有下列情形之一的，环境保护主管部门可以责令其采取停产整治措施：

（一）通过暗管、渗井、渗坑、灌注或者篡改、伪造监测数据，或者不正常运行防治污染设施等逃避监管的方式排放污染物，超过污染物排放标准的；

（二）非法排放含重金属、持久性有机污染物等严重危害环境、损害人体健康的污染物超过污染物排放标准三倍以上的；

（三）超过重点污染物排放总量年度控制指标排放污染物的；

（四）被责令限制生产后仍然超过污染物排放标准排放污染物的；

（五）因突发事件造成污染物排放超过排放标准或者重点污染物排放总量控制指标的；

（六）法律、法规规定的其他情形。

第七条 具备下列情形之一的排污者，超过污染物排放标准或者超过重点污染物排放总量控制指标排放污染物的，环境保护主管部门应当按照有关环境保护法律法规予以处罚，可以不予实施停产整治：

（一）城镇污水处理、垃圾处理、危险废物处置等公共设施的运营单位；

（二）生产经营业务涉及基本民生、公共利益的；

（三）实施停产整治可能影响生产安全的。

第八条 排污者有下列情形之一的，由环境保护主管部门报经有批准权的人民政府责令停业、关闭：

（一）两年内因排放含重金属、持久性有机污染物等有毒物质超过污染物排放标准受过两次以上行政处罚，又实施前列行为的；

（二）被责令停产整治后拒不停产或者擅自恢复生产的；

（三）停产整治决定解除后，跟踪检查发现又实施同一违法行为的；

（四）法律法规规定的其他严重环境违法情节的。

第三章　实施程序

第九条 环境保护主管部门在作出限制生产、停产整治决定前，应当做好调查取证工作。

责令限制生产、停产整治的证据包括现场检查笔录、调查询问笔录、环境监测报告、视听资料、证人证言和其他证明材料。

第十条 作出限制生产、停产整治决定前，应当书面报经环境保护主管部门负责人批准；案情重大或者社会影响较大的，应当经环境保护主管部门案件审查委员会集体审议决定。

第十一条 环境保护主管部门作出限制生产、停产整治决定前，应当告知排污者有关事实、依据及其依法享有的陈述、申辩或者要求举行听证的权利；就同一违法行为进行行政处罚的，可以在行政处罚事先告知书或者行政处罚听证告知书中一并告知。

第十二条 环境保护主管部门作出限制生产、停产整治决定的，应当制作责令限制生产决定书或者责令停产整治决定书，也可以在行政处罚决定书中载明。

第十三条 责令限制生产决定书和责令停产整治决定书应当载明下列事项：

（一）排污者的基本情况，包括名称或者姓名、营业执照号码或者居民身份证号码、组织机构代码、地址以及法定代表人或者主要负责人姓名等；

（二）违法事实、证据，以及作出限制生产、停产整治决定的依据；

（三）责令限制生产、停产整治的改正方式、期限；

（四）排污者应当履行的相关义务及申请行政复议或者提起行政诉讼的途径和期限；

（五）环境保护主管部门的名称、印章和决定日期。

第十四条 环境保护主管部门应当自作出限制生产、停产整治决定之日起七个工作日内将决定书送达排污者。

第十五条 限制生产一般不超过三个月；情况复杂的，经本级环境保护主管部门负责人批准，可以延长，但延长期限不得超过三个月。

停产整治的期限，自责令停产整治决定书送达排污者之日起，至停产整治决定解除之日止。

第十六条 排污者应当在收到责令限制生产决定书或者责令停产整治决定书后立即整改，并在十五个工作日内将整改方案报作出决定的环境保护主管部门备案并向社会公开。整改方案应当确定改正措施、工程进度、资金保障和责任人员等事项。

被限制生产的排污者在整改期间，不得超过污染物排放标准或者重点污染物日最高允许排放总量控制指标排放污染物，并按照环境监测技术规范进行监测或者委托有条件的环境监测机构开展监测，保存监测记录。

第十七条 排污者完成整改任务的，应当在十五个工作日内将整改任务完成情况和整改信息社会公开情况，报作出限制生产、停产整治决定的环境保护主管部门备案，并提交监测报告以及整改期间生产用电量、用水量、主要产品产量与整改前的对比情况等材料。限制生产、停产整治决定自排污者报环境保护主管部门备案之日起解除。

第十八条 排污者有下列情形之一的，限制生产、停产整治决定自行终止：

（一）依法被撤销、解散、宣告破产或者因其他原因终止营业的；

（二）被有批准权的人民政府依法责令停业、关闭的。

第十九条 排污者被责令限制生产、停产整治后，环境保护主管部门应当按照相关规定对排污者履行限制生产、停产整治措施的情况实施后督察，并依法进行处理或者处罚。

第二十条 排污者解除限制生产、停产整治后，环境保护主管部门应当在解除之日起三十日内对排污者进行跟踪检查。

第四章 附 则

第二十一条 本办法由国务院环境保护主管部门负责解释。

第二十二条 本办法自 2015 年 1 月 1 日起施行。

环境保护主管部门实施查封、扣押办法

（2014 年 12 月 19 日环境保护部令第 29 号公布 自 2015 年 1 月 1 日起施行）

第一章 总 则

第一条 为规范实施查封、扣押，依据《中华人民共和国环境保护法》、《中华人民共和国行政强制法》等法律，制定本办法。

第二条 对企业事业单位和其他生产经营者（以下称排污者）违反法律法规规定排放污染物，造成或者可能造成严重污染，县级以上环境保护主管部门对造成污染物排放的设施、设备实施查封、扣押的，适用本办法。

第三条 环境保护主管部门实施查封、扣押所需经费，应当列入本机关的行政经费预算，由同级财政予以保障。

第二章 适 用 范 围

第四条 排污者有下列情形之一的，环境保护主管部门依法实施查封、扣押：

（一）违法排放、倾倒或者处置含传染病病原体的废物、危险废物、含重金属污染物或者持久性有机污染物等有毒物质或者其他有害物质的；

（二）在饮用水水源一级保护区、自然保护区核心区违反法律法规规定排放、倾倒、处置污染物的；

（三）违反法律法规规定排放、倾倒化工、制药、石化、印染、电镀、造纸、制革等工业污泥的；

（四）通过暗管、渗井、渗坑、灌注或者篡改、伪造监测数据，或者不正常运行防治污染设施等逃避监管的方式违反法律法规规定排放污染物的；

（五）较大、重大和特别重大突发环境事件发生后，未按照要求执行停产、停排措施，继续违反法律法规规定排放污染物的；

（六）法律、法规规定的其他造成或者可能造成严重污染的违法排污行为。

有前款第一项、第二项、第三项、第六项情形之一的，环境保护主管部门可以实施查封、扣押；已造成严重污染或者有前款第四项、第五项情形之一的，环境保护主管部门应当实施查封、扣押。

第五条 环境保护主管部门查封、扣押排污者造成污染物排放的设施、设备，应当符合有关法律的规定。不得重复查封、扣押排污者已被依法查封的设施、设备。

对不易移动的或者有特殊存放要求的设施、设备，应当就地查封。查封时，可以在该设施、设备的控制装置等关键部件或者造成污染物排放所需供水、供电、供气等开关阀门张贴封条。

第六条 具备下列情形之一的排污者，造成或者可能造成严重污染的，环境保护主管部门应当按照有关环境保护法律法规予以处罚，可以不予实施查封、扣押：

（一）城镇污水处理、垃圾处理、危险废物处置等公共设施的运营单位；

（二）生产经营业务涉及基本民生、公共利益的；

（三）实施查封、扣押可能影响生产安全的。

第七条 环境保护主管部门实施查封、扣押的，应当依法向社会公开查封、扣押决定，查封、扣押延期情况和解除查封、扣押决定等相关信息。

第三章　实施程序

第八条 实施查封、扣押的程序包括调查取证、审批、决定、执行、送达、解除。

第九条　环境保护主管部门实施查封、扣押前，应当做好调查取证工作。

查封、扣押的证据包括现场检查笔录、调查询问笔录、环境监测报告、视听资料、证人证言和其他证明材料。

第十条　需要实施查封、扣押的，应当书面报经环境保护主管部门负责人批准；案情重大或者社会影响较大的，应当经环境保护主管部门案件审查委员会集体审议决定。

第十一条　环境保护主管部门决定实施查封、扣押的，应当制作查封、扣押决定书和清单。

查封、扣押决定书应当载明下列事项：

（一）排污者的基本情况，包括名称或者姓名、营业执照号码或者居民身份证号码、组织机构代码、地址以及法定代表人或者主要负责人姓名等；

（二）查封、扣押的依据和期限；

（三）查封、扣押设施、设备的名称、数量和存放地点等；

（四）排污者应当履行的相关义务及申请行政复议或者提起行政诉讼的途径和期限；

（五）环境保护主管部门的名称、印章和决定日期。

第十二条　实施查封、扣押应当符合下列要求：

（一）由两名以上具有行政执法资格的环境行政执法人员实施，并出示执法身份证件；

（二）通知排污者的负责人或者受委托人到场，当场告知实施查封、扣押的依据以及依法享有的权利、救济途径，并听取其陈述和申辩；

（三）制作现场笔录，必要时可以进行现场拍摄。现场笔录的内容应当包括查封、扣押实施的起止时间和地点等；

（四）当场清点并制作查封、扣押设施、设备清单，由排污者和环境保护主管部门分别收执。委托第三人保管的，应同时交第三人收执。执法人员可以对上述过程进行现场拍摄；

（五）现场笔录和查封、扣押设施、设备清单由排污者和执法人员签名或者盖章；

（六）张贴封条或者采取其他方式，明示环境保护主管部门已实施查封、扣押。

第十三条　情况紧急，需要当场实施查封、扣押的，应当在实施后二十四小时内补办批准手续。环境保护主管部门负责人认为不需要实施查封、扣押的，应当立即解除。

第十四条 查封、扣押决定书应当当场交付排污者负责人或者受委托人签收。排污者负责人或者受委托人应当签名或者盖章，注明日期。

实施查封、扣押过程中，排污者负责人或者受委托人拒不到场或者拒绝签名、盖章的，环境行政执法人员应当予以注明，并可以邀请见证人到场，由见证人和环境行政执法人员签名或者盖章。

第十五条 查封、扣押的期限不得超过三十日；情况复杂的，经本级环境保护主管部门负责人批准可以延长，但延长期限不得超过三十日。法律、法规另有规定的除外。

延长查封、扣押的决定应当及时书面告知排污者，并说明理由。

第十六条 对就地查封的设施、设备，排污者应当妥善保管，不得擅自损毁封条、变更查封状态或者启用已查封的设施、设备。

对扣押的设施、设备，环境保护主管部门应当妥善保管，也可以委托第三人保管。扣押期间设施、设备的保管费用由环境保护主管部门承担。

第十七条 查封的设施、设备造成损失的，由排污者承担。扣押的设施、设备造成损失的，由环境保护主管部门承担；因受委托第三人原因造成损失的，委托的环境保护主管部门先行赔付后，可以向受委托第三人追偿。

第十八条 排污者在查封、扣押期限届满前，可以向决定实施查封、扣押的环境保护主管部门提出解除申请，并附具相关证明材料。

第十九条 环境保护主管部门应当自收到解除查封、扣押申请之日起五个工作日内，组织核查，并根据核查结果分别作出如下决定：

（一）确已改正违反法律法规规定排放污染物行为的，解除查封、扣押；

（二）未改正违反法律法规规定排放污染物行为的，维持查封、扣押。

第二十条 环境保护主管部门实施查封、扣押后，应当及时查清事实，有下列情形之一的，应当立即作出解除查封、扣押决定：

（一）对违反法律法规规定排放污染物行为已经作出行政处罚或者处理决定，不再需要实施查封、扣押的；

（二）查封、扣押期限已经届满的；

（三）其他不再需要实施查封、扣押的情形。

第二十一条 查封、扣押措施被解除的，环境保护主管部门应当立即通知排污者，并自解除查封、扣押决定作出之日起三个工作日内送达解除决定。

扣押措施被解除的，还应当通知排污者领回扣押物；无法通知的，应当进行公告，排污者应当自招领公告发布之日起六十日内领回；逾期未领回的，所造成的损失由排污者自行承担。

扣押物无法返还的，环境保护主管部门可以委托拍卖机构依法拍卖或者变卖，所得款项上缴国库。

第二十二条 排污者涉嫌环境污染犯罪已由公安机关立案侦查的，环境保护主管部门应当依法移送查封、扣押的设施、设备及有关法律文书、清单。

第二十三条 环境保护主管部门对查封后的设施、设备应当定期检视其封存情况。

排污者阻碍执法、擅自损毁封条、变更查封状态或者隐藏、转移、变卖、启用已查封的设施、设备的，环境保护主管部门应当依据《中华人民共和国治安管理处罚法》等法律法规及时提请公安机关依法处理。

第四章 附 则

第二十四条 本办法由国务院环境保护主管部门负责解释。

第二十五条 本办法自 2015 年 1 月 1 日起施行。

环境保护主管部门实施按日连续处罚办法

（2014 年 12 月 19 日环境保护部令第 28 号公布 自 2015 年 1 月 1 日起施行）

第一章 总 则

第一条 为规范实施按日连续处罚，依据《中华人民共和国环境保护法》、《中华人民共和国行政处罚法》等法律，制定本办法。

第二条 县级以上环境保护主管部门对企业事业单位和其他生产经营者（以下称排污者）实施按日连续处罚的，适用本办法。

第三条 实施按日连续处罚，应当坚持教育与处罚相结合的原则，引导和督促排污者及时改正环境违法行为。

第四条 环境保护主管部门实施按日连续处罚，应当依法向社会公开行政处罚决定和责令改正违法行为决定等相关信息。

第二章　适用范围

第五条 排污者有下列行为之一，受到罚款处罚，被责令改正，拒不改正的，依法作出罚款处罚决定的环境保护主管部门可以实施按日连续处罚：

（一）超过国家或者地方规定的污染物排放标准，或者超过重点污染物排放总量控制指标排放污染物的；

（二）通过暗管、渗井、渗坑、灌注或者篡改、伪造监测数据，或者不正常运行防治污染设施等逃避监管的方式排放污染物的；

（三）排放法律、法规规定禁止排放的污染物的；

（四）违法倾倒危险废物的；

（五）其他违法排放污染物行为。

第六条 地方性法规可以根据环境保护的实际需要，增加按日连续处罚的违法行为的种类。

第三章　实施程序

第七条 环境保护主管部门检查发现排污者违法排放污染物的，应当进行调查取证，并依法作出行政处罚决定。

按日连续处罚决定应当在前款规定的行政处罚决定之后作出。

第八条 环境保护主管部门可以当场认定违法排放污染物的，应当在现场调查时向排污者送达责令改正违法行为决定书，责令立即停止违法排放污染物行为。

需要通过环境监测认定违法排放污染物的，环境监测机构应当按照监测技术规范要求进行监测。环境保护主管部门应当在取得环境监测报告后三个工作日内向排污者送达责令改正违法行为决定书，责令立即停止违法排放污染物行为。

第九条 责令改正违法行为决定书应当载明下列事项：

（一）排污者的基本情况，包括名称或者姓名、营业执照号码或者居民身份证号码、组织机构代码、地址以及法定代表人或者主要负责人姓名等；

（二）环境违法事实和证据；

（三）违反法律、法规或者规章的具体条款和处理依据；

（四）责令立即改正的具体内容；

（五）拒不改正可能承担按日连续处罚的法律后果；

（六）申请行政复议或者提起行政诉讼的途径和期限；

（七）环境保护主管部门的名称、印章和决定日期。

第十条 环境保护主管部门应当在送达责令改正违法行为决定书之日起三十日内，以暗查方式组织对排污者违法排放污染物行为的改正情况实施复查。

第十一条 排污者在环境保护主管部门实施复查前，可以向作出责令改正违法行为决定书的环境保护主管部门报告改正情况，并附具相关证明材料。

第十二条 环境保护主管部门复查时发现排污者拒不改正违法排放污染物行为的，可以对其实施按日连续处罚。

环境保护主管部门复查时发现排污者已经改正违法排放污染物行为或者已经停产、停业、关闭的，不启动按日连续处罚。

第十三条 排污者具有下列情形之一的，认定为拒不改正：

（一）责令改正违法行为决定书送达后，环境保护主管部门复查发现仍在继续违法排放污染物的；

（二）拒绝、阻挠环境保护主管部门实施复查的。

第十四条 复查时排污者被认定为拒不改正违法排放污染物行为的，环境保护主管部门应当按照本办法第八条的规定再次作出责令改正违法行为决定书并送达排污者，责令立即停止违法排放污染物行为，并应当依照本办法第十条、第十二条的规定对排污者再次进行复查。

第十五条 环境保护主管部门实施按日连续处罚应当符合法律规定的行政处罚程序。

第十六条 环境保护主管部门决定实施按日连续处罚的，应当依法作出处罚决定书。

处罚决定书应当载明下列事项：

（一）排污者的基本情况，包括名称或者姓名、营业执照号码或者居民身份证号码、组织机构代码、地址以及法定代表人或者主要负责人姓名等；

（二）初次检查发现的环境违法行为及该行为的原处罚决定、拒不改正的违法事实和证据；

（三）按日连续处罚的起止时间和依据；

（四）按照按日连续处罚规则决定的罚款数额；

（五）按日连续处罚的履行方式和期限；

（六）申请行政复议或者提起行政诉讼的途径和期限；

（七）环境保护主管部门名称、印章和决定日期。

第四章 计 罚 方 式

第十七条 按日连续处罚的计罚日数为责令改正违法行为决定书送达排污者之日的次日起，至环境保护主管部门复查发现违法排放污染物行为之日止。再次复查仍拒不改正的，计罚日数累计执行。

第十八条 再次复查时违法排放污染物行为已经改正，环境保护主管部门在之后的检查中又发现排污者有本办法第五条规定的情形的，应当重新作出处罚决定，按日连续处罚的计罚周期重新起算。按日连续处罚次数不受限制。

第十九条 按日连续处罚每日的罚款数额，为原处罚决定书确定的罚款数额。

按照按日连续处罚规则决定的罚款数额，为原处罚决定书确定的罚款数额乘以计罚日数。

第五章 附 则

第二十条 环境保护主管部门针对违法排放污染物行为实施按日连续处罚的，可以同时适用责令排污者限制生产、停产整治或者查封、扣押等措施；因采取上述措施使排污者停止违法排污行为的，不再实施按日连续处罚。

第二十一条 本办法由国务院环境保护主管部门负责解释。

第二十二条 本办法自 2015 年 1 月 1 日起施行。

最高人民法院关于审理环境民事公益
诉讼案件适用法律若干问题的解释

(2014 年 12 月 8 日最高人民法院审判委员会第 1631 次会议通过　自 2015 年 1 月 7 日起施行　法释〔2015〕1 号)

为正确审理环境民事公益诉讼案件，根据《中华人民共和国民事诉讼法》《中华人民共和国侵权责任法》《中华人民共和国环境保护法》等法律的规定，结合审判实践，制定本解释。

第一条　法律规定的机关和有关组织依据民事诉讼法第五十五条、环境保护法第五十八条等法律的规定，对已经损害社会公共利益或者具有损害社会公共利益重大风险的污染环境、破坏生态的行为提起诉讼，符合民事诉讼法第一百一十九条第二项、第三项、第四项规定的，人民法院应予受理。

第二条　依照法律、法规的规定，在设区的市级以上人民政府民政部门登记的社会团体、民办非企业单位以及基金会等，可以认定为环境保护法第五十八条规定的社会组织。

第三条　设区的市，自治州、盟、地区，不设区的地级市，直辖市的区以上人民政府民政部门，可以认定为环境保护法第五十八条规定的"设区的市级以上人民政府民政部门"。

第四条　社会组织章程确定的宗旨和主要业务范围是维护社会公共利益，且从事环境保护公益活动的，可以认定为环境保护法第五十八条规定的"专门从事环境保护公益活动"。

社会组织提起的诉讼所涉及的社会公共利益，应与其宗旨和业务范围具有关联性。

第五条　社会组织在提起诉讼前五年内未因从事业务活动违反法律、法规的规定受过行政、刑事处罚的，可以认定为环境保护法第五十八条规定的"无违法记录"。

第六条　第一审环境民事公益诉讼案件由污染环境、破坏生态行为发生地、损害结果地或者被告住所地的中级以上人民法院管辖。

中级人民法院认为确有必要的，可以在报请高级人民法院批准后，裁定将本院管辖的第一审环境民事公益诉讼案件交由基层人民法院审理。

同一原告或者不同原告对同一污染环境、破坏生态行为分别向两个以上有管辖权的人民法院提起环境民事公益诉讼的,由最先立案的人民法院管辖,必要时由共同上级人民法院指定管辖。

第七条 经最高人民法院批准,高级人民法院可以根据本辖区环境和生态保护的实际情况,在辖区内确定部分中级人民法院受理第一审环境民事公益诉讼案件。

中级人民法院管辖环境民事公益诉讼案件的区域由高级人民法院确定。

第八条 提起环境民事公益诉讼应当提交下列材料:

(一)符合民事诉讼法第一百二十一条规定的起诉状,并按照被告人数提出副本;

(二)被告的行为已经损害社会公共利益或者具有损害社会公共利益重大风险的初步证明材料;

(三)社会组织提起诉讼的,应当提交社会组织登记证书、章程、起诉前连续五年的年度工作报告书或者年检报告书,以及由其法定代表人或者负责人签字并加盖公章的无违法记录的声明。

第九条 人民法院认为原告提出的诉讼请求不足以保护社会公共利益的,可以向其释明变更或者增加停止侵害、恢复原状等诉讼请求。

第十条 人民法院受理环境民事公益诉讼后,应当在立案之日起五日内将起诉状副本发送被告,并公告案件受理情况。

有权提起诉讼的其他机关和社会组织在公告之日起三十日内申请参加诉讼,经审查符合法定条件的,人民法院应当将其列为共同原告;逾期申请的,不予准许。

公民、法人和其他组织以人身、财产受到损害为由申请参加诉讼的,告知其另行起诉。

第十一条 检察机关、负有环境保护监督管理职责的部门及其他机关、社会组织、企业事业单位依据民事诉讼法第十五条的规定,可以通过提供法律咨询、提交书面意见、协助调查取证等方式支持社会组织依法提起环境民事公益诉讼。

第十二条 人民法院受理环境民事公益诉讼后,应当在十日内告知对被告行为负有环境保护监督管理职责的部门。

第十三条 原告请求被告提供其排放的主要污染物名称、排放方式、排放浓度和总量、超标排放情况以及防治污染设施的建设和运行情况等环境信息,法律、法规、规章规定被告应当持有或者有证据证明被告持有而拒不提供，如果原告主张相关事实不利于被告的，人民法院可以推定该主张成立。

第十四条　对于审理环境民事公益诉讼案件需要的证据，人民法院认为必要的，应当调查收集。

对于应当由原告承担举证责任且为维护社会公共利益所必要的专门性问题，人民法院可以委托具备资格的鉴定人进行鉴定。

第十五条　当事人申请通知有专门知识的人出庭，就鉴定人作出的鉴定意见或者就因果关系、生态环境修复方式、生态环境修复费用以及生态环境受到损害至恢复原状期间服务功能的损失等专门性问题提出意见的，人民法院可以准许。

前款规定的专家意见经质证，可以作为认定事实的根据。

第十六条　原告在诉讼过程中承认的对己方不利的事实和认可的证据，人民法院认为损害社会公共利益的，应当不予确认。

第十七条　环境民事公益诉讼案件审理过程中，被告以反诉方式提出诉讼请求的，人民法院不予受理。

第十八条　对污染环境、破坏生态，已经损害社会公共利益或者具有损害社会公共利益重大风险的行为，原告可以请求被告承担停止侵害、排除妨碍、消除危险、恢复原状、赔偿损失、赔礼道歉等民事责任。

第十九条　原告为防止生态环境损害的发生和扩大，请求被告停止侵害、排除妨碍、消除危险的，人民法院可以依法予以支持。

原告为停止侵害、排除妨碍、消除危险采取合理预防、处置措施而发生的费用，请求被告承担的，人民法院可以依法予以支持。

第二十条　原告请求恢复原状的，人民法院可以依法判决被告将生态环境修复到损害发生之前的状态和功能。无法完全修复的，可以准许采用替代性修复方式。

人民法院可以在判决被告修复生态环境的同时，确定被告不履行修复义务时应承担的生态环境修复费用；也可以直接判决被告承担生态环境修复费用。

生态环境修复费用包括制定、实施修复方案的费用和监测、监管等费用。

第二十一条　原告请求被告赔偿生态环境受到损害至恢复原状期间服务功能损失的，人民法院可以依法予以支持。

第二十二条　原告请求被告承担检验、鉴定费用，合理的律师费以及为诉讼支出其他合理费用的，人民法院可以依法予以支持。

第二十三条　生态环境修复费用难以确定或者确定具体数额所需鉴定费用明显过高的,人民法院可以结合污染环境、破坏生态的范围和程度、生态环境的稀缺性、生态环境恢复的难易程度、防治污染设备的运行成本、被告因侵害行为所获得的利益以及过错程度等因素,并可以参考负有环境保护监督管理职责的部门的意见、专家意见等,予以合理确定。

第二十四条　人民法院判决被告承担的生态环境修复费用、生态环境受到损害至恢复原状期间服务功能损失等款项,应当用于修复被损害的生态环境。

其他环境民事公益诉讼中败诉原告所需承担的调查取证、专家咨询、检验、鉴定等必要费用,可以酌情从上述款项中支付。

第二十五条　环境民事公益诉讼当事人达成调解协议或者自行达成和解协议后,人民法院应当将协议内容公告,公告期间不少于三十日。

公告期满后,人民法院审查认为调解协议或者和解协议的内容不损害社会公共利益的,应当出具调解书。当事人以达成和解协议为由申请撤诉的,不予准许。

调解书应当写明诉讼请求、案件的基本事实和协议内容,并应当公开。

第二十六条　负有环境保护监督管理职责的部门依法履行监管职责而使原告诉讼请求全部实现,原告申请撤诉的,人民法院应予准许。

第二十七条　法庭辩论终结后,原告申请撤诉的,人民法院不予准许,但本解释第二十六条规定的情形除外。

第二十八条　环境民事公益诉讼案件的裁判生效后,有权提起诉讼的其他机关和社会组织就同一污染环境、破坏生态行为另行起诉,有下列情形之一的,人民法院应予受理:

(一)前案原告的起诉被裁定驳回的;

(二)前案原告申请撤诉被裁定准许的,但本解释第二十六条规定的情形除外。

环境民事公益诉讼案件的裁判生效后,有证据证明存在前案审理时未发现的损害,有权提起诉讼的机关和社会组织另行起诉的,人民法院应予受理。

第二十九条　法律规定的机关和社会组织提起环境民事公益诉讼的,不影响因同一污染环境、破坏生态行为受到人身、财产损害的公民、法人和其他组织依据民事诉讼法第一百一十九条的规定提起诉讼。

第三十条　已为环境民事公益诉讼生效裁判认定的事实,因同一污染环境、破坏生态行为依据民事诉讼法第一百一十九条规定提起诉讼的原告、被告均无需举证证明，但原告对该事实有异议并有相反证据足以推翻的除外。

对于环境民事公益诉讼生效裁判就被告是否存在法律规定的不承担责任或者减轻责任的情形、行为与损害之间是否存在因果关系、被告承担责任的大小等所作的认定，因同一污染环境、破坏生态行为依据民事诉讼法第一百一十九条规定提起诉讼的原告主张适用的，人民法院应予支持，但被告有相反证据足以推翻的除外。被告主张直接适用对其有利的认定的，人民法院不予支持，被告仍应举证证明。

第三十一条　被告因污染环境、破坏生态在环境民事公益诉讼和其他民事诉讼中均承担责任，其财产不足以履行全部义务的，应当先履行其他民事诉讼生效裁判所确定的义务，但法律另有规定的除外。

第三十二条　发生法律效力的环境民事公益诉讼案件的裁判，需要采取强制执行措施的，应当移送执行。

第三十三条　原告交纳诉讼费用确有困难，依法申请缓交的，人民法院应予准许。

败诉或者部分败诉的原告申请减交或者免交诉讼费用的，人民法院应当依照《诉讼费用交纳办法》的规定，视原告的经济状况和案件的审理情况决定是否准许。

第三十四条　社会组织有通过诉讼违法收受财物等牟取经济利益行为的，人民法院可以根据情节轻重依法收缴其非法所得、予以罚款；涉嫌犯罪的，依法移送有关机关处理。

社会组织通过诉讼牟取经济利益的，人民法院应当向登记管理机关或者有关机关发送司法建议，由其依法处理。

第三十五条　本解释施行前最高人民法院发布的司法解释和规范性文件，与本解释不一致的，以本解释为准。

最高人民法院关于审理环境侵权责任纠纷案件适用法律若干问题的解释

(2015 年 2 月 9 日最高人民法院审判委员会第 1644 次会议通过 2015 年 6 月 1 日最高人民法院公告公布 自 2015 年 6 月 3 日起施行 法释〔2015〕12 号)

为正确审理环境侵权责任纠纷案件，根据《中华人民共和国侵权责任法》《中华人民共和国环境保护法》《中华人民共和国民事诉讼法》等法律的规定，结合审判实践，制定本解释。

第一条 因污染环境造成损害，不论污染者有无过错，污染者应当承担侵权责任。污染者以排污符合国家或者地方污染物排放标准为由主张不承担责任的，人民法院不予支持。

污染者不承担责任或者减轻责任的情形，适用海洋环境保护法、水污染防治法、大气污染防治法等环境保护单行法的规定；相关环境保护单行法没有规定的，适用侵权责任法的规定。

第二条 两个以上污染者共同实施污染行为造成损害，被侵权人根据侵权责任法第八条规定请求污染者承担连带责任的，人民法院应予支持。

第三条 两个以上污染者分别实施污染行为造成同一损害，每一个污染者的污染行为都足以造成全部损害，被侵权人根据侵权责任法第十一条规定请求污染者承担连带责任的，人民法院应予支持。

两个以上污染者分别实施污染行为造成同一损害，每一个污染者的污染行为都不足以造成全部损害，被侵权人根据侵权责任法第十二条规定请求污染者承担责任的，人民法院应予支持。

两个以上污染者分别实施污染行为造成同一损害，部分污染者的污染行为足以造成全部损害，部分污染者的污染行为只造成部分损害，被侵权人根据侵权责任法第十一条规定请求足以造成全部损害的污染者与其他污染者就共同造成的损害部分承担连带责任，并对全部损害承担责任的，人民法院应予支持。

第四条 两个以上污染者污染环境，对污染者承担责任的大小，人民法院应当根据污染物的种类、排放量、危害性以及有无排污许可证、是否超过污染物排放标准、是否超过重点污染物排放总量控制指标等因素确定。

第五条　被侵权人根据侵权责任法第六十八条规定分别或者同时起诉污染者、第三人的，人民法院应予受理。

被侵权人请求第三人承担赔偿责任的，人民法院应当根据第三人的过错程度确定其相应赔偿责任。

污染者以第三人的过错污染环境造成损害为由主张不承担责任或者减轻责任的，人民法院不予支持。

第六条　被侵权人根据侵权责任法第六十五条规定请求赔偿的，应当提供证明以下事实的证据材料：

（一）污染者排放了污染物；

（二）被侵权人的损害；

（三）污染者排放的污染物或者其次生污染物与损害之间具有关联性。

第七条　污染者举证证明下列情形之一的，人民法院应当认定其污染行为与损害之间不存在因果关系：

（一）排放的污染物没有造成该损害可能的；

（二）排放的可造成该损害的污染物未到达该损害发生地的；

（三）该损害于排放污染物之前已发生的；

（四）其他可以认定污染行为与损害之间不存在因果关系的情形。

第八条　对查明环境污染案件事实的专门性问题，可以委托具备相关资格的司法鉴定机构出具鉴定意见或者由国务院环境保护主管部门推荐的机构出具检验报告、检测报告、评估报告或者监测数据。

第九条　当事人申请通知一至两名具有专门知识的人出庭，就鉴定意见或者污染物认定、损害结果、因果关系等专业问题提出意见的，人民法院可以准许。当事人未申请，人民法院认为有必要的，可以进行释明。

具有专门知识的人在法庭上提出的意见，经当事人质证，可以作为认定案件事实的根据。

第十条　负有环境保护监督管理职责的部门或者其委托的机构出具的环境污染事件调查报告、检验报告、检测报告、评估报告或者监测数据等，经当事人质证，可以作为认定案件事实的根据。

第十一条　对于突发性或者持续时间较短的环境污染行为，在证据可能灭失或者以后难以取得的情况下，当事人或者利害关系人根据民事诉讼法第八十一条规定申请证据保全的，人民法院应当准许。

第十二条　被申请人具有环境保护法第六十三条规定情形之一，当事人或者利害关系人根据民事诉讼法第一百条或者第一百零一条规定申请保全的，人民法院可以裁定责令被申请人立即停止侵害行为或者采取污染防治措施。

第十三条 人民法院应当根据被侵权人的诉讼请求以及具体案情，合理判定污染者承担停止侵害、排除妨碍、消除危险、恢复原状、赔礼道歉、赔偿损失等民事责任。

第十四条 被侵权人请求恢复原状的，人民法院可以依法裁判污染者承担环境修复责任，并同时确定被告不履行环境修复义务时应当承担的环境修复费用。

污染者在生效裁判确定的期限内未履行环境修复义务的，人民法院可以委托其他人进行环境修复，所需费用由污染者承担。

第十五条 被侵权人起诉请求污染者赔偿因污染造成的财产损失、人身损害以及为防止污染扩大、消除污染而采取必要措施所支出的合理费用的，人民法院应予支持。

第十六条 下列情形之一，应当认定为环境保护法第六十五条规定的弄虚作假：

（一）环境影响评价机构明知委托人提供的材料虚假而出具严重失实的评价文件的；

（二）环境监测机构或者从事环境监测设备维护、运营的机构故意隐瞒委托人超过污染物排放标准或者超过重点污染物排放总量控制指标的事实的；

（三）从事防治污染设施维护、运营的机构故意不运行或者不正常运行环境监测设备或者防治污染设施的；

（四）有关机构在环境服务活动中其他弄虚作假的情形。

第十七条 被侵权人提起诉讼，请求污染者停止侵害、排除妨碍、消除危险的，不受环境保护法第六十六条规定的时效期间的限制。

第十八条 本解释适用于审理因污染环境、破坏生态造成损害的民事案件，但法律和司法解释对环境民事公益诉讼案件另有规定的除外。

相邻污染侵害纠纷、劳动者在职业活动中因受污染损害发生的纠纷，不适用本解释。

第十九条 本解释施行后，人民法院尚未审结的一审、二审案件适用本解释规定。本解释施行前已经作出生效裁判的案件，本解释施行后依法再审的，不适用本解释。

本解释施行后，最高人民法院以前颁布的司法解释与本解释不一致的，不再适用。

附录2

一、环境空气质量标准
（GB3095－2012）

1 适用范围

本标准规定了环境空气功能区分类、标准分级、污染物项目、平均时间及浓度限值、监测方法、数据统计的有效性规定及实施与监督等内容。

本标准适用于环境空气质量评价与管理。

2 规范性引用文件

本标准引用下列文件或其中的条款。凡是不注明日期的引用文件，其最新版本适用于本标准。

GB8971 空气质量 飘尘中苯并［a］芘的测定 乙酰化滤纸层析荧光分光光度法

GB9801 空气质量 一氧化碳的测定 非分散红外法

GB/T15264 环境空气 铅的测定 火焰原子吸收分光光度法

GB/T15432 环境空气 总悬浮颗粒物的测定 重量法

GB/T15439 环境空气 苯并［a］芘的测定 高效液相色谱法

HJ479 环境空气 氮氧化物（一氧化氮和二氧化氮）的测定 盐酸萘乙二胺分光光度法

HJ482 环境空气 二氧化硫的测定 甲醛吸收－副玫瑰苯胺分光光度法

HJ483 环境空气 二氧化硫的测定 四氯汞盐吸收－副玫瑰苯胺分光光度法

HJ504 环境空气 臭氧的测定 靛蓝二磺酸钠分光光度法

HJ539 环境空气 铅的测定 石墨炉原子吸收分光光度法（暂行）

HJ590 环境空气 臭氧的测定 紫外光度法

HJ618 环境空气 PM_{10} 和 $PM_{2.5}$ 的测定 重量法

HJ630 环境监测质量管理技术导则

HJ/T193　环境空气质量自动监测技术规范

HJ/T194　环境空气质量手工监测技术规范

《环境空气质量监测规范（试行）》（国家环境保护总局公告 2007 年第 4 号）

《关于推进大气污染联防联控工作改善区域空气质量的指导意见》（国办发〔2010〕33 号）

3　术语和定义

下列术语和定义适用于本标准。

3.1　环境空气 ambient air

指人群、植物、动物和建筑物所暴露的室外空气。

3.2　总悬浮颗粒物 total suspended particle（TSP）

指环境空气中空气动力学当量直径小于等于 100 μm 的颗粒物。

3.3　颗粒物（粒径小于等于 10 μm）particulate matter（PM_{10}）

指环境空气中空气动力学当量直径小于等于 10 μm 的颗粒物，也称可吸入颗粒物。

3.4　颗粒物（粒径小于等于 2.5 μm）particulate matter（$PM_{2.5}$）

指环境空气中空气动力学当量直径小于等于 2.5 μm 的颗粒物，也称细颗粒物。

3.5　铅 lead

指存在于总悬浮颗粒物中的铅及其化合物。

3.6　苯并 [a] 芘 benzo [a] pyrene（BaP）

指存在于颗粒物（粒径小于等于 10 μm）中的苯并 [a] 芘。

3.7　氟化物 fluoride

指以气态和颗粒态形式存在的无机氟化物。

3.8　1 小时平均 1 - hour average

指任何 1 小时污染物浓度的算术平均值。

3.9　8 小时平均 8 - hour average

指连续 8 小时平均浓度的算术平均值，也称 8 小时滑动平均。

3.10　24 小时平均 24 - hour average

指一个自然日 24 小时平均浓度的算术平均值，也称为日平均。

3.11　月平均 monthly average

指一个日历月内各日平均浓度的算术平均值。

3.12 季平均 quarterly average

指一个日历季内各日平均浓度的算术平均值。

3.13 年平均 annual mean

指一个日历年内各日平均浓度的算术平均值。

3.14 参比状态 reference state

指大气温度为 298.15 K，大气压力为 1013.25 hPa 时的状态。本标准中的二氧化硫、二氧化氮、一氧化碳、臭氧、氮氧化物等气态污染物浓度为参比状态下的浓度。颗粒物（粒径小于等于 10 μm）、颗粒物（粒径小于等于 2.5 μm）、总悬浮颗粒物及其组分铅、苯并［a］芘等浓度为监测时大气温度和压力下的浓度。

4 环境空气功能区分类和质量要求

4.1 环境空气功能区分类

环境空气功能区分为二类：一类区为自然保护区、风景名胜区和其他需要特殊保护的区域；二类区为居住区、商业交通居民混合区、文化区、工业区和农村地区。

4.2 环境空气功能区质量要求

一类区适用一级浓度限值，二类区适用二级浓度限值。一、二类环境空气功能区质量要求见表 1 和表 2。

表 1 环境空气污染物基本项目浓度限值

序号	污染物项目	平均时间	浓度限值		单位
			一级	二级	
1	二氧化硫（SO₂）	年平均	20	60	μg/m³
		24 小时平均	50	150	
		1 小时平均	150	500	
2	二氧化氮（NO₂）	年平均	40	40	
		24 小时平均	80	80	
		1 小时平均	200	200	
3	一氧化碳（CO）	24 小时平均	4	4	mg/m³
		1 小时平均	10	10	
4	臭氧（O₃）	日最大 8 小时平均	100	160	μg/m³
		1 小时平均	160	200	
5	颗粒物（粒径小于等于 10 μm）	年平均	40	70	
		24 小时平均	50	150	
6	颗粒物（粒径小于等于 2.5 μm）	年平均	15	35	
		24 小时平均	35	75	

表 2　环境空气污染物其他项目浓度限值

序号	污染物项目	平均时间	浓度限值		单位
			一级	二级	
1	总悬浮颗粒物（TSP）	年平均	80	200	μg/m³
		24 小时平均	120	300	
2	氮氧化物（NO$_x$）	年平均	50	50	
		24 小时平均	100	100	
		1 小时平均	250	250	
3	铅（Pb）	年平均	0.5	0.5	
		季平均	1	1	
4	苯并[a]芘（BaP）	年平均	0.001	0.001	
		24 小时平均	0.002 5	0.002 5	

4.3　本标准自 2016 年 1 月 1 日起在全国实施。基本项目（表 1）在全国范围内实施；其他项目（表 2）由国务院环境保护行政主管部门或者省级人民政府根据实际情况，确定具体实施方式。

4.4　在全国实施本标准之前，国务院环境保护行政主管部门可根据《关于推进大气污染联防联控工作改善区域空气质量的指导意见》等文件要求指定部分地区提前实施本标准，具体实施方案（包括地域范围、时间等）另行公告；各省级人民政府也可根据实际情况和当地环境保护的需要提前实施本标准。

5　监测

环境空气质量监测工作应按照《环境空气质量监测规范（试行）》等规范性文件的要求进行。

5.1　监测点位布设

表 1 和表 2 中环境空气污染物监测点位的设置，应按照《环境空气质量监测规范（试行）》中的要求执行。

5.2　样品采集

环境空气质量监测中的采样环境、采样高度及采样频率等要求，按 HJ/T193 或 HJ/T194 的要求执行。

5.3　分析方法

应按表 3 的要求，采用相应的方法分析各项污染物的浓度。

表3　各项污染物分析方法

序号	污染物项目	手工分析方法		自动分析方法
		分析方法	标准编号	
1	二氧化硫（SO_2）	环境空气　二氧化硫的测定　甲醛吸收-副玫瑰苯胺分光光度法	HJ 482	紫外荧光法、差分吸收光谱分析法
		环境空气　二氧化硫的测定　四氯汞盐吸收-副玫瑰苯胺分光光度法	HJ 483	
2	二氧化氮（NO_2）	环境空气　氮氧化物（一氧化氮和二氧化氮）的测定　盐酸萘乙二胺分光光度法	HJ 479	化学发光法、差分吸收光谱分析法
3	一氧化碳（CO）	空气质量　一氧化碳的测定　非分散红外法	GB 9801	气体滤波相关红外吸收法、非分散红外吸收法
4	臭氧（O_3）	环境空气　臭氧的测定　靛蓝二磺酸钠分光光度法	HJ 504	紫外荧光法、差分吸收光谱分析法
		环境空气　臭氧的测定　紫外光度法	HJ 590	
5	颗粒物（粒径小于等于10 μm）	环境空气　PM_{10}和$PM_{2.5}$的测定　重量法	HJ 618	微量振荡天平法、β射线法
6	颗粒物（粒径小于等于2.5 μm）	环境空气　PM_{10}和$PM_{2.5}$的测定　重量法	HJ 618	微量振荡天平法、β射线法
7	总悬浮颗粒物（TSP）	环境空气　总悬浮颗粒物的测定　重量法	GB/T 15432	—
8	氮氧化物（NO_x）	环境空气　氮氧化物（一氧化氮和二氧化氮）的测定　盐酸萘乙二胺分光光度法	HJ 479	化学发光法、差分吸收光谱分析法
9	铅（Pb）	环境空气　铅的测定　石墨炉原子吸收分光光度法（暂行）	HJ 539	—
		环境空气　铅的测定　火焰原子吸收分光光度法	GB/T 15264	—
10	苯并[a]芘（BaP）	空气质量　飘尘中苯并[a]芘的测定　乙酰化滤纸层析荧光分光光度法	GB 8971	—
		环境空气　苯并[a]芘的测定　高效液相色谱法	GB/T 15439	—

6　数据统计的有效性规定

6.1　应采取措施保证监测数据的准确性、连续性和完整性，确保全面、客观地反映监测结果。所有有效数据均应参加统计和评价，不得选择性地舍弃不利数据以及人为干预监测和评价结果。

6.2　采用自动监测设备监测时，监测仪器应全年365天（闰年366天）连续运行。在监测仪器校准、停电和设备故障，以及其他不可抗拒的因素导致不能获得连续监测数据时，应采取有效措施及时恢复。

6.3　异常值的判断和处理应符合 HJ630 的规定。对于监测过程中缺失和删除的数据均应说明原因，并保留详细的原始数据记录，以备数据审核。

6.4　任何情况下，有效的污染物浓度数据均应符合表4中的最低要求，否则应视为无效数据。

表4 污染物浓度数据有效性的最低要求

污染物项目	平均时间	数据有效性规定
二氧化硫（SO$_2$）、二氧化氮（NO$_2$）、颗粒物（粒径小于等于 10 μm）、颗粒物（粒径小于等于 2.5 μm）、氮氧化物（NO$_x$）	年平均	每年至少有 324 个日平均浓度值 每月至少有 27 个日平均浓度值（二月至少有 25 个日平均浓度值）
二氧化硫（SO$_2$）、二氧化氮（NO$_2$）、一氧化碳（CO）、颗粒物（粒径小于等于 10 μm）、颗粒物（粒径小于等于 2.5 μm）、氮氧化物（NO$_x$）	24 小时平均	每日至少有 20 个小时平均浓度值或采样时间
臭氧（O$_3$）	8 小时平均	每 8 小时至少有 6 小时平均浓度值
二氧化硫（SO$_2$）、二氧化氮（NO$_2$）、一氧化碳（CO）、臭氧（O$_3$）、氮氧化物（NO$_x$）	1 小时平均	每小时至少有 45 分钟的采样时间
总悬浮颗粒物（TSP）、苯并[a]芘（BaP）、铅（Pb）	年平均	每年至少有分布均匀的 60 个日平均浓度值 每月至少有分布均匀的 5 个日平均浓度值
铅（Pb）	季平均	每季至少有分布均匀的 15 个日平均浓度值 每月至少有分布均匀的 5 个日平均浓度值
总悬浮颗粒物（TSP）、苯并[a]芘（BaP）、铅（Pb）	24 小时平均	每日应有 24 小时的采样时间

7 实施与监督

7.1 本标准由各级环境保护行政主管部门负责监督实施。

7.2 各类环境空气功能区的范围由县级以上（含县级）人民政府环境保护行政主管部门划分，报本级人民政府批准实施。

7.3 按照《中华人民共和国大气污染防治法》的规定，未达到本标准的大气污染防治重点城市，应当按照国务院或者国务院环境保护行政主管部门规定的期限，达到本标准。该城市人民政府应当制定限期达标规划，并可以根据国务院的授权或者规定，采取更严格的措施，按期实现达标规划。

附录 A（资料性附录）环境空气中镉、汞、砷、六价铬和氟化物参考浓度限值（略）

二、室内空气质量标准（节录）

（GB/T18883－2002）

（2002 年 11 月 19 日批准发布　自 2003 年 3 月 1 日起实施）

1　范围

本标准规定了室内空气质量参数及检验方法。

本标准适用于住宅和办公建筑物，其他室内环境可参照本标准执行。

2　规范性引用文件

下列文件中的条款通过本标准的引用而成为本标准的条款。凡是注日期的引用文件，其随后所有的修改（不包括勘误内容）或修订版均不适用于本标准，然而，鼓励根据本标准达成协议的各方研究是否可使用这些文件的最新版本。凡是不注日期的引用文件，其最新版本适用于本标准。

GB/T9801　空气质量 一氧化碳的测定 非分散红外法

GB/T11737　居住区大气中苯、甲苯和二甲苯卫生检验标准方法 气相色谱法

GB/T12372　居住区大气中二氧化氮检验标准方法 改进的 Saltzman 法

GB/T14582　环境空气中氡的标准测量方法

GB/T14668　空气质量 氨的测定 纳氏试剂比色法

GB/T14669　空气质量 氨的测定 离子选择电极法

GB14677　空气质量 甲苯、二甲苯、苯乙烯的测定 气相色谱法

GB/T14679　空气质量 氨的测定 次氯酸钠 - 水杨酸分光光度法

GB/T15262　环境空气 二氧化硫的测定 甲醛吸收 - 副玫瑰苯胺分光光度法

GB/T15435　环境空气 二氧化氮的测定 Saltzman 法

GB/T15437　环境空气 臭氧的测定 靛蓝二硫酸钠分光光度法

GB/T15438　环境空气 臭氧的测定 紫外光度法

GB/T15439　环境空气 苯并 [a] 芘测定 高效液相色谱法

GB/T15516　空气质量 甲醛的测定 乙酰丙酮分光光度法

GB/T16128　居住区大气中二氧化硫卫生检验标准方法 甲醛溶液吸收 -

盐酸副玫瑰苯胺 分光光度法

GB/T16129   居住区大气中甲醛卫生检验标准方法 分光光度法

GB/T16147   空气中氡浓度的闪烁瓶测量方法

GB/T17095   室内空气中可吸入颗粒物卫生标准

GB/T18204.13   公共场所室内温度测定方法

GB/T18204.14   公共场所室内相对湿度测定方法

GB/T18204.15   公共场所室内空气流速测定方法

GB/T18204.18   公共场所室内新风量测定方法 示踪气体法

GB/T18204.23   公共场所空气中一氧化碳检验方法

GB/T18204.24   公共场所空气中二氧化碳检验方法

GB/T18204.25   公共场所空气中氨检验方法

GB/T18204.26   公共场所空气中甲醛测定方法

GB/T18204.27   公共场所空气中臭氧检验方法

3   术语和定义

3.1   室内空气质量参数（indoor air quality parameter）
指室内空气中与人体健康有关的物理、化学、生物和放射性参数。

3.2   可吸入颗粒物（particles with diameters of $10\mu m$ or less，PM_{10}）
指悬浮在空气中，空气动力学当量直径小于等于 $10\mu m$ 的颗粒物。

3.3   总挥发性有机化合物（Total Volatile Organic Compounds TVOC）
利用 Tenax GC 或 Tenax TA 采样，非极性色谱柱（极性指数小于10）进行分析，保留时间在正己烷和正十六烷之间的挥发性有机化合物。

3.4   标准状态（normal state）
指温度273K，压力为 101.325kPa 时的干物质状态。

4   室内空气质量

4.1   室内空气应无毒、无害、无异常嗅味

4.2   室内空气质量标准见表1。

表1 室内空气质量标准
Table 1 Indoor Air Quality Standard

序号	参数类别	参 数	单位	标准值	备注
1	物理性	温度	℃	22 ~ 28	夏季空调
				16 ~ 24	冬季采暖
2		相对湿度	%	40 ~ 80	夏季空调
				30 ~ 60	冬季采暖
3		空气流速	m/s	0.3	夏季空调
				0.2	冬季采暖
4		新风量	m^3（h·人）	30^a	
5	化学性	二氧化硫 SO_2	mg/m^3	0.50	1 小时均值
6		二氧化氮 NO_2	mg/m^3	0.24	1 小时均值
7		一氧化碳 CO	mg/m^3	10	1 小时均值
8		二氧化碳 CO_2	%	0.10	日平均值
9		氨 NH_3	mg/m^3	0.20	1 小时均值
10		臭氧 O_3	mg/m^3	0.16	1 小时均值
11		甲醛 HCHO	mg/m^3	0.10	1 小时均值
12		苯 C_6H_6	mg/m^3	0.11	1 小时均值
13		甲苯 C_7H_8	mg/m^3	0.20	1 小时均值
14		二甲苯 C_8H_{10}	mg/m^3	0.20	1 小时均值
15		苯并[a]芘 B(a)P	mg/m^3	1.0	日平均值
16		可吸入颗粒物 PM_{10}	mg/m^3	0.15	日平均值
17		总挥发性有机物 TVOC	mg/m^3	0.60	8 小时均值
18	生物性	菌落总数	cfu/m^3	2 500	依据仪器定[b]
19	放射性	氡[222]Rn	Bq/m^3	400	年平均值（行动水平[c]）

a 新风量要求≥标准值，除温度、相对湿度外的其它参数要求≤标准值；

b 见附录 D；

c 达到此水平建议采取干预行动以降低室内氡浓度。

5 室内空气质量检验

5.1 室内空气中各种参数的监测技术见附录 A。(略)

5.2 室内空气中苯的检验方法见附录 B。(略)

5.3 室内空气中总挥发性有机物(TVOC)的检验方法见附录 C。(略)

5.4 室内空气中菌落总数检验方法见附录 D。(略)

图书在版编目（CIP）数据

中华人民共和国环境保护法：案例注释版/中国法制出版社编．—4 版．—北京：中国法制出版社，2019.4
（法律法规案例注释版系列；13）
ISBN 978 - 7 - 5216 - 0000 - 1

Ⅰ.①中… Ⅱ.①中… Ⅲ.①环境保护法 - 案例 - 中国 Ⅳ.①D922.680.5

中国版本图书馆 CIP 数据核字（2019）第 017838 号

责任编辑 李小草　韩璐玮（hanluwei666@163.com）　　　　封面设计　蒋怡

中华人民共和国环境保护法：案例注释版（第四版）
ZHONGHUA RENMIN GONGHEGUO HUANJING BAOHUFA：ANLI ZHUSHIBAN（DI-SI BAN）

经销/新华书店
印刷/河北鑫兆源印刷有限公司
开本/850 毫米×1168 毫米　32 开　　　　　印张/ 5.875　字数/ 154 千
版次/2019 年 4 月第 4 版　　　　　　　　2020 年 2 月第 2 次印刷

中国法制出版社出版
书号 ISBN 978 - 7 - 5216 - 0000 - 1　　　　　　　　　定价：19.00 元

北京西单横二条 2 号
邮政编码 100031　　　　　　　　　　　　　　　传真：010 - 66031119
网址：http：//www.zgfzs.com　　　　　　　编辑部电话：010 - 66070084
市场营销部电话：010 - 66033393　　　　　邮购部电话：010 - 66033288

（如有印装质量问题，请与本社编务印务管理部联系调换。电话：010 - 66032926）